名家

潘天寿·诸乐三·钱君匋

卢炘 | 杨振宇

主编

王个簃　齐白石　陆俨少　沙孟海　宋文治　傅抱石　吴昌硕　何海霞　王雪涛　李苦禅

周昌谷　程十发　林散之　黄宾虹　吴茀之

陆维钊　李可染　朱屺瞻　赖少其　张大千　沈耀初　徐悲鸿　郭味蕖

中国美术学院艺术人文学院
中国书画名家馆联会
编

写在前面的话

范景中

  《名家》是研究近代美术史的专题读本。然而要在这一领域做出成绩，殊为不易。因此不敢涉足。粗略想来，原因有三。

  首先是陈援庵先生告诫的："今日宜造成为学问而学问，养成研究学问之风气。"又说："近代史太难作，史料散漫不集中，难作。"[1]先生大概是提醒我们，资料少了不易对付，资料多了其实更不易对付。因为它们散落各处，罕能周全，难以统摄贯穿。要在繁杂的文献中有以独举，就不得不运用奥卡姆剃刀 [Occam's Razor]，所谓的 *Frustra fit per plura quod potest fieri per pauciora*[以简御繁]，所谓的 *Entia non sunt multiplicanda praeter necessitatem*[避虚就实]，道理好像很简单，但施行起来，极不容易。此其一。

  其次是陈寅恪先生的了解之同情："所谓真了解者，必神游冥想，与立说之古人，处于同一境界，而对于其持论所以不得不如是之苦心孤诣，表一种之同情，始能批评其学说之是非得失，而无隔阂肤廓之论。"[2]套用《文史通义》论文德的话："论古必恕，非宽容之谓……恕非宽容之谓者，能为古人设身而处地也。"[3]当代学者，大都生活于承平盛世，而所研究的近现代则是风云变幻的大时代，离我们虽近，但却情势迥殊。即当时之人，亦未必能得真解，何况我们未睹蒙尘积道，未膺狼烟哀乱，笔下难有沧桑波澜，故同情之了解不易做到，同情之了解的理想境界更不容易达到。并且同情也不是移情，而是去建立一个合理的历史情境。此其二。

  最后，我想引用内梅罗夫 [Howard Nemerov] 的诗 *To Clio, Muse of History* 的最后几句：

   But tell us no more

   Enchantments, Clio. History has given

And taken away; murders become memories,

And memories become the beautiful obligations:

As with a dream interpreted by one still sleeping,

The interpretation is only the next room of the dream.[4]

　　当事者的个体记忆必定会消失，被历史女神索回；而由他人建构和阐释的记忆，则能够变成 beautiful obligation；某种程度上，研究近现代艺术比研究古代艺术更容易编造美丽的枷锁。而抵挡这种"美丽"的诱惑，是研究者的责任，也是良心。此其三。

　　美术史是文科中最难产生杰作的领域，以其最难研究之故。而近现代美术尤为其难，既容易看朱成碧，又容易制造"美丽的"枷锁，更何况当代学风浇漓浮动，诗张繁兴。陈寅恪先生尝概括王静安先生的治学方法为：一曰取地下之实物与纸上之遗文互相释证，二曰取异族之故书与吾国之旧籍互相补证，三曰取外来之观念与固有之材料互相参证。[5]静安先生研究的是古史，我认为研究近现代美术史，"范围纵广，途径纵多，恐亦无以远出三类之外"。研究吴湖帆、黄宾虹需懂古代艺术；研究徐悲鸿、潘天寿需知外来观点；研究苏曼殊、弘一，需通异族典籍。顺手举几例，即可知研究近现代美术史之难也。今《名家》知难而上，兼容并蓄，旨在发扬近现代美术的研学风气，令人格外期待。稍述感悟，以作小引。

1　陈垣：《史源学实习及清代史学考证法》，北京：商务印书馆，2014 年，第 9 页，第 104 页。

2　陈寅恪著，陈美延编：《金明馆丛稿二编》，北京：生活·读书·新知三联书店，2001 年，第 279 页。

3　章学诚：《文史通义》，叶瑛校注本，北京：中华书局，2014 年，第 259 页。

4　*The Collected Poems of Howard Nemerov*, Chicago, 1979, p.237.

5　陈寅恪著，陈美延编：《金明馆丛稿二编》，北京：生活·读书·新知三联书店，2001 年，第 279 页。

寄　语

卢　炘

万物皆有因缘，出版本书亦有缘由。中国书画名家馆联会与中国美术学院艺术人文学院、上海书画出版社三家开启战略性合作，推出此本《名家》，定位于中国近现代书画名家研究，其名家作品之认定、学术研究水准之保障，选题编辑装潢之精良，共同努力毋容置疑。从高等美术学府、博物馆殿堂、首席美术出版社层面思考，面向美术爱好者，推介最优秀之名家大师，展示最新研究成果，播布美术，力行美育，开辟新境，任重道远。

书画艺术传统久远，古代经典灿烂无比，经近现代名家之传承创新而辉煌再现。从现代审美教育而言也变得更为直接，且势必冲破院校围墙，润泽全社会，而拍卖市场近现代名家佳作每每争抢，业绩翘楚已成不争之事实，亦为佐证。

我国众多名家馆于二十世纪八十年代大量涌现，书画名家馆联会诞生已越二十载。名家馆联会和各名家馆办展、著书，仅出版即已超百种名家图书，包括画集、书法集、印鉴、年鉴、传记、论文集、谈艺录、诗集、文集、文献集、全集等等。此类个案研究，弘扬民族优秀文化艺术，亦为美术史研究不断提供有力之支持。

《名家》之诞生，则开辟出另一个崭新的平台，让大众面对名家大师之艺术及人生，得以与专家学者交流互动。此平台遂以学术为支撑，以读者为上帝，力求以简练、准确、趣味之文字，精彩、高清之作品图像和最新研究发现和研究成果，靠自身之完美与不断改进，奉献给读者一份全新的读物，期待美术爱好者的青睐和市场的认可；从而达到宣传名家、弘扬传统、美育大众、和谐社会，共创有品质的美好生活！

让我们共同期盼新生幼苗茁壮成长，来日成为一棵枝叶繁茂的参天大树！

目　录

人　物

拾　遗

潘天寿《松石图》（局部），1960 年

人物

高风峻骨见精神
——谈谈我父亲潘天寿的艺术风格

潘公凯

在潘天寿的绘画作品中，高风峻骨的内在精神是
艺术风格的主柱，是艺术风格的基调。他自己对艺术
作品的"气"和"骨"是极为重视的，他的"风骨"
突出地体现在笔墨、章法、意境、诗文题跋等方面。

潘天寿《泰山图》（局部），1964 年

1963 年潘天寿率领中国书法家代表团赴日本访问，远处为日本富士山

我的父亲潘天寿先生的艺术风格，从总的倾向来说，是雄阔奇崛、高华质朴，属于一种强劲有力的美。但他不是简单地表现力量，而是在雄健的基调中融入清新淡逸的风韵，配以诗文、书法、金石等多方面的素养，给人以强烈而丰富的艺术感受。他的风格特色是多方面的，决定他风格的因素也是多方面的。而他的精神气质和思想情操，在他的风格中起着决定性的作用，是构成风格的主要支柱。这种体现在他作品中的内在精神因素——我想，不妨借用一个传统名词"风骨"来表述——在研究他的艺术时是值得充分注意的。

父亲的作品，是注重"风骨"的。在传统文论和画论中，"风骨"这一概念的实质，是作者刚正的气质和高扬的情志在作品中的外化。"风骨"近似于"六法"中的"气韵生动"加上"骨法用笔"的基本含义，而以后者的提法更集中，更注重作者主观的精神力量，更明确地含有清纯峻爽之意。"时运交移，质文代变"，文艺作品的风格随着时代的变化而变化。然而中国传统艺术中这种高风傲骨，沉雄质朴的特色，却始终是民族风格的"脊梁"。以"风骨"为特色的文艺作品，不仅是时代精神（如激烈动荡的建安时代）的反映，而且是浑朴坚毅的民族性格、民族精神的反映，所以至今仍在文化史上放射着不灭的光辉。

父亲的绘画艺术，正是继承了这一优良传统。他的作品风高骨峻，在画坛中独树一帜，使人们不能淡忘。他自己，对艺术作品的"气"和"骨"是极为重视的。他常常谈到孟夫子"善养浩然之气"，强调"作诗画画都要以气胜"。他在《听天阁画谈随笔》中曾谓："有至大、至刚、至中、至正之气，蕴于胸中，为学必尽其极，为事必得其全，旁及艺事，不求工

潘天寿《松石图》，1960 年

而自能登峰造极。"他有两方常用的闲章，一方白文，一方朱文，都是刻的"强其骨"三字。"强其骨"一语，出自老子《道德经》，"虚其心，实其腹。弱其志，强其骨"，原是老子在"无为而治"的"乌托邦"中设想的一种安民之策。父亲将这三个字借用过来，直取字义，以表明他对"骨"的高度重视。"强其骨"，可以说是他做人和作画的一个基本原则，父亲的这种注重"气"（风）、"骨"的人生观、艺术观，不仅充分地反映在他的全部绘画作品中，而且反映在他的诗文、书法、篆刻等各个方面，他的整个艺术创作都是和"风骨"相关联的。

从父亲作品的笔墨和章法来说，最突出的是"力"和"气"的表现。先看他的笔墨线条。

他的绘画创作以大笔粗线为主，是"大写意"。综观他的作品，用笔果断而强悍，精练而有控制，具有雄健、刚直、凝练、老辣、生涩的特点。他深入体会和吸收了古人的笔墨精华，又融入了自己的强烈个性，尤其是在气势和力量方面创造性地发展了笔墨传统。他曾谓："吾国作画，每以笔线为间架，故以线为骨也。骨须有骨气，骨气者，骨之质也。以此为表达对象内在生生活力之基础也。故张彦远云：'骨气形似，皆本于立意而归于用笔。'"他在这里所说的"骨气"主要也就是指笔线中表现出来的气势和力量感，是由可视的线条所体现的精神特质。他在 1960 年画的《松石图》中有题款云："偶然落笔，辄思古人'屋漏痕''折钗股''石积太古雪''树飞铁铸青'者，不胜惘惘。世无董、巨，从谁问北宋渊源哉？怅惘、怅惘。"这具体地说明了他在笔墨色方面对雄浑苍古之气的追求。

这幅《松石图》的用笔，就是精纯凝练，"如金之重而有其柔，如铁之重而有其秀"，藏坚劲之力于含蓄之中，毫无率滑浮躁之感。他作画喜用硬笔，运笔侧中有正，正中有侧；线条以刚直为主，弧线很少，转折处往往成方形转角。所以，他的笔线给人的感觉，是刚正劲健，有棱有角，特别见骨。但是，他的直线又非率直，而是直中有曲，行笔多顿挫，笔锋多转折，如屋壁漏痕，随行随止。方转亦非同圭角，而是方中有圆，刚劲柔韧，如折钗股，虽弯不断。这种直与曲、方与圆、行与止、坚劲与含蓄等等因素统一在线条中，就像弯弓射箭，弓要将箭弹出去，人要将箭拉回来，将发未发，欲动又止，对立面的斗争使力量得到了进一步的积蓄与增强。这样的线，就比那种粗率浮躁的笔线内在而有力得多。他的线条，大多用浓墨甚至焦墨作成，线往往很粗，粗黑的墨线画在白纸上，笔笔清楚，浓重醒目。有的大画甚至整幅无一笔淡墨，如《焦墨山水图》，荒寒古厚之气溢于画外。他的画，往往不用渲染或少用渲染，造成画面清爽明快、对比强烈的效果。他不喜欢光滑的线条，他的笔线边缘不整齐，粗细有变化，枯湿浓淡，飞白渲化，使线条本身具有复杂的意趣，显得厚重、丰富。说得形象一点，他所作的线条，看起来就像粗粗细细、锈痕斑驳的钢筋铁骨，即使几朵梅花，数笔小草，也坚硬如石凿铁铸一般。

他的作品中常画巨大的岩石，特别引人注目。用线表现形体，是中国画的特长，而仅用几条轮廓线条表现这样大的磐石，则是前无古人的画法。弄得不好，轮廓就成了框子，

潘天寿《焦墨山水图》，1953 年

潘天寿《朝霞图》，1964 年

岩石就没有了重量，所以，这几笔轮廓线就是成败的关键。父亲画石，一是用笔特别凝重，力透纸背，以表现岩石的质量感。二是用笔老辣生涩，变化丰富，以表现岩石的粗糙坚硬。三是他画石虽很少用皴擦，但他对石的结构关系最为注意，岩石的凹凸转折、皴裂纹路、前后层次、组织规律，他都表现得一清二楚，毫不马虎。他画的不是石的平面轮廓，也不是随意涂抹，而是画石的结构线，所以虽无反擦渲染，中间大块空白仍是十分立体的。清布颜图谓，"画石须画石之骨，骨立而气自生"，石之骨，就是结构。因而，他用极简括的笔墨画极大的岩石，仍有千钧之重。但要是没有那样的笔力，岩石也就没有那样的坚硬沉重了。所以，黄宾虹先生说他"笔力扛鼎"。同样，他画的巨松、花草、动物……也都特别简括而有力量，这力量虽同造型结构有关，但多半就是从笔力而来。越是简括，笔墨越少，就越是笔笔见功力。"气韵出于精神"（黄宾虹语），没有雄阔坚实的精神力量，气衰力薄，画面就轻，就弱，就散。

常谓"以笔取气，以墨取韵"，然用墨同"气"和"力"也有不可分的关系。父亲的用墨浑厚苍古，明豁浓烈而富于变化。他喜用浓墨，尤其善用泼墨。他的泼墨，不仅面积大，而且具有"厚、重、平"的特点。他在《听天阁画谈随笔》中谓"泼墨要在平中求不平，不平中求大平"，"大平"二字，道出了他对画面整体性的全力追求和他内在的魄力。他的那些大面积的泼墨荷叶，最能体现出他的墨中之"气"。例如《朝霞图》中的大块荷叶就非常整体而厚重，但在这整体中又有一些小变化。故黄宾虹先生说："气的生动从力出，有力而后有墨。"在作毛笔画外，他还常作指画，他的许多代表作品都是指墨画成的。他说："予作毛笔画外，间作指画，何哉？为求指笔间运用技法之不同，笔情指趣之相异，互为印证耳。运笔，常也；运指，变也。常

潘天寿《睡猫图》
中国美术馆藏

潘天寿《欲雪图》（指墨），1954 年

中求变以悟常，变中求常以悟变，亦系钝根人之钝法欤？"运指作线，比运笔作线更刚、更拙、更辣、更涩，也更见骨。他通过指画来体会笔墨的高华古朴、浑厚苍劲之意，是他作指画的一大用意。

古人曾有"用笔如铁，泼墨如潮"之谓，用这句话来概括他的笔墨风格，倒很合适。人们说吴昌硕的画"强悍"，而他的画则更为"强悍"。他有一方闲章，凿有"一味霸悍"四字，既是自谦，也是自戒。这方印章，说明了他的作品尽管如此豪放泼辣，但就他自己来说，却仍然在创作过程中存在着某种程度的自我约束。由此可以想见他内在的精神力量。

在父亲的作品中，形成画面骨力气势的另一个基本因素是他独特的画面结构。

"结构"，原是建筑学中的用语，借用到绘画中，指画面和形象各个局部之间的关联。我觉得，对他的画面布局来说，"结构"这个词似乎比构图、章法、布置等词更能说明他的特点。可以不夸张地说，他的作品不是逸笔草草、一挥而就的，也不是描画而成的，而是"构筑"而成的。他的作品中常题"寿制"，这个"制"字，虽有自谦之意，但也说明了他的创作态度。

他晚年的一些代表作品，大致有两类最引人注意的结构形式，一类不妨称作"体块组合"，另一类不妨称作"骨架组合"。自然，许多作品是两种形式兼而有之，或介乎两者之间的。比如《睡猫图》《欲雪图》《雄视图》《春塘水暖图》《铁石帆运图》《灵岩涧一角图》等等，都是典型的体块组合。这里，猫、鹭以及成堆的小鸟是较小的体块，岩石、成片的松针、水牛是大的体块。在他的这类画面中，独到之处就在于体块的庞大和单纯。他的巨石往往只勾轮廓而不加皴擦，岩石上的许多裂纹他全不画，成为大面积空白。其目的，就是避免破坏岩石体块的整体性。他的鹰、鹭、水牛等动物，画得浑厚而整体。他画中的八哥、睡猫以及青蛙等，都有明确的轮廓，有的纯用浓墨画成，都是严整的体块。此外，他的画面上的形体往往都带有方正的倾向，这种方形给人一种非常雄阔、沉重、稳定的感觉。带方形的大小体块在画面上垒叠组合，造成了一种具有建筑感的画面结构。而且引人注意的是，他的画面往往非常饱满，许多作品都是由方形磐石占据了画面的绝大部分，只留很少的空间，有时甚至整幅都被岩壁充满，不留一点天空（如《铁石帆运图》《江洲夜泊图》等）。这种充满画面的岩

潘天寿《泰山图》，1964年

壁巨石顶天立地，造成扑面而来的气势和力量，似乎显得纸太小，要将画框撑破似的。这种独特的构图处理，是他在有限的画纸上尽力表现力量感的成功创造。

《小龙湫下一角图》《泰山图》等等，又是另一种体块组合。这些画面是由许多较小的体块组合成一个整体。这当中，体块的排列参差变化，以及用线的遒劲刚挺，对于造成整幅画面的严紧性是起着关键作用的，虽然不是由整块的磐石占据画面的大部分，却仍然充满坚实的力量。

"骨架组合"，如《松石梅月图》布局不是以体块为主，而是以线条骨架为主构成的。树木花草的枝干以至花叶苔点，都可以成为画面的骨架，连题款也不例外。他的树木花草的姿态都特别的硬直刚挺，很少弧形，转折也往往成直角，所以给人的感觉是骨力特别强健。在他的笔下，花木的生长以横平竖直为主要倾向，因而更加类似于建筑物中的钢筋骨架。这种组合的关键是线与线之间的排列、交叉的处理。在他的作品中，线与线之间的交叉以构成各种三角形为主，三角形是最坚固的形状，又是最富于变化的形状，用它来构成骨架特别牢固。并且，他的画中常有近似于直角交叉的情况，直角交叉本来是"画忌"，但他却经常用它，有时还将几个近似直角的交叉组合在一起，形成"架状"，就好像是随意焊接起来的铁架。线的排列，他很注意"不平行中的平行、平行中的不平行"，又很注意疏密穿插，长长短短，疏疏密密，正正斜斜，参差变化。他用各种细心安排的穿插交错将画面组成一个构造十分紧密的整体。在他的画中，由于用笔的强健老辣和结构的坚固，线与线之间的组合几乎是"焊接"在一起的，给人稳定的整体感。

在他的大部分作品中，"体块"和"骨架"又是组合在一起的，有一种互相支撑、承托、牵拉、呼应的关系，就是这种关系将画面结合成一个严密、坚固的整体，进一步加强了画面的建筑感。例如《雄视图》的岩石像一个倒立的三角形，重心由于鸷鹰而引升到了画的上端，如此巨大的重量集中在下面狭窄的石尖上，构成一幅气势雄奇的作品。画中，下端石尖的处理是关键，这个石尖虽狭，但形状像一块被宇宙的力量扭曲了的钢锭，力量似乎由于石尖皱纹的扭转而绞紧了，所以显得特别坚韧。同时，他在这三角形巨石的右上端画了一部分松针，与画边相接，构成了巨石的另一个支点，使得这个倒立的大三角异常奇特而又坚固。又如，《露气图》一画右上方的泼墨荷叶，梗子瘦劲而呈斜势，由于荷叶这个体块大而重，梗子虽然刚劲，仍觉得负担太重，于是在旁边加上一朵丰满的朱荷和一根与画边几乎平行的梗子，这根梗子就明显地起到一种支撑作用，使叶和花组成的体块亭亭玉立而又十分稳当。为了进一步加强两根梗子之间的联系，又在中间交错布置了几笔水草和小荷叶，等于又焊上几根小钢筋，就使得这部分的花、叶、梗、水草组合得非常严整而富于变化。在他的画中，这类例子随处都是。由于他极细心地对待自己的感觉，他在画面结构上的这种匠心经营，同现代建筑和雕塑中运用的力学原理是不谋而合的。

《文心雕龙》云："事义为骨梗。"绘画上由形象组成的画面结构，亦相当于文章中由"事义"组成的基本骨架。父亲的作品，不仅是非常整体的，而且可以说是非常坚固的，就像米开朗基罗的雕塑，"从山上滚下来也不会散架"。

潘天寿《松石梅月图》，20世纪60年代

所谓"建筑感"就是指这种整体性、坚固性、重量感和力学上的稳定性。

父亲作品中的高风傲骨还表现为独特的艺术境界和审美观。他曾说："中国画以意境、气韵、格调为最高境地。"艺术境界实际上是作者思想境界的反映，是作者精神气质、感情意念的流露。父亲在艺术创作中追求的境界，是天地间质朴高华的美，是大自然雄浑顽强的生命力，是对悠久灿烂的民族文化、民族精神的崇仰与歌颂。

父亲的绘画创作，有一部分是清新秀逸的作品，如许多精致的册页，以及小篷船、朱荷、翠鸟、碧桃、杨柳等等充满诗意的作品，是较容易被人们所接受的。选材的新颖、构图的别致、笔墨的简洁劲秀，以及洋溢其中的对生活的恬静感受，受到人们普遍的喜欢。可是，他的艺术中也有一些作品，却不是那么容易被人们欣赏的。他在许多作品中塑造的形象，如奇崛的岩石，强悍的秃鹫、石隙中的蛙、虬枝铁干的老松和人们通常所理解的美等于漂亮的概念是并不一致的。他的画没有艳丽的、复杂的色彩，造型也并不追求细节的逼真，表现的意境又往往偏于粗豪和冷静，所以他的画确实不是每个人一看就喜欢的。然而，往往正是这些作品，最突出地体现了他的艺术思想和艺术风格的与众不同之处，所以就更需要我们加以探讨和研究。

父亲是以画花鸟、山水为主的画家，很少画人物。然而,他在作品中所体现的艺术观，却和上述的例子有一种内在的共同性。罗丹曾谓："对伟大的艺术家来说，自然中的一切都具有性格。这是因为他的坚决而直率的观察，能看透事物所蕴藏的意义。"在父亲的笔下，山川草木、鸟兽虫鱼都超出于外表的形似，而具有独特的性格，连气氛意境都是有性格的。强烈的个性表现和深沉超脱的精神境界，决定了他作品的情调、意境、趣味、品格，构成了作品中内在的精神美。

1966 年，"文革"开始前不久，他画了一幅《梅月图》，这是他最后一张大作品。在几乎正方形的纸上，一株粗大老梅树的虬枝铁干成"S"形横过画面，成为画的主体。他用了很多笔墨着意塑造了树干的苍老刚劲，而只在树梢上画了几朵小小的淡红色的梅花，很不引人注意。在那花的后面，却画了静夜的圆月和淡墨染成的夜空。环境是那样冷峻，然而又有一些温暖，微微暖黄的月色和稀少而娇艳的几朵梅花。自然力量的不可躲避，冰刀霜剑的严重摧残，从梅树的粗干上强烈地表现了出来，而那树梢上的几朵小花，却

潘天寿《梅月图》，1966 年

证明生命终于战胜了艰难，即将迎来春天。这种寒冷幽湿的气氛，衬托了生命的顽强，也更衬托了生命的美丽。艺术作品，必须能够抓住人类心灵深处的某些最本质的东西，拨动那几根隐藏得最深的情感之弦，才能有巨大而久远的艺术魅力。他的画能动人心魄，那股扑面而来的骨气雄风逼人心胸、沁人心底，将那灵魂深处的虚浮、懦弱、庸俗、鄙琐的感情压迫以至驱除。他的画是生命的赞颂，是力和美的赞颂！

　　书画是抒情之作，诗是更直接的抒情。读父亲的画，不论是笔墨章法、形象意境或是诗文题跋以至印章，都使人觉得"磊磊落落，有一股磅礴的气势和跃动的艺术生命力"（吴茀之语），诚可谓无一笔轻浮软弱、无一处小家气局。究其原因，自是出于功力，更是出于心胸。故《竹懒论画》云："绘事不必求奇，不必循格，要在胸中实有吐出便是矣。"

　　父亲在晚年，努力表现时代精神。从表现孤傲超脱的内心世界转向晚年表现蓬勃雄健的时代风貌，变文人画的萧散淡远为现代艺术的强劲有力，表明了他在内容上、形式上，对祖国民族绘画在新的历史时期如何继承和革新的问题所作的深沉探索。他不趋炎附势，也不随波逐流，没有虚假，没有做作，他真实地对待自己，也真实地对待艺术。他的朴厚正直的人格、高尚的情操，和对于民族绘画的无限忠诚，已经深深地铭刻在他的作品中，值得我们长久珍视和纪念。

1960 年潘天寿在杭州景云村寓所止止室作画

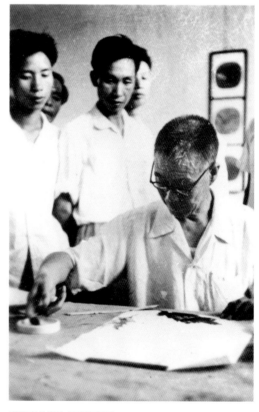

潘天寿为学生示范指墨画

人 物

潘天寿山水扛鼎之作《初晴》
时隔 40 年面世拍出 2 亿

卢 炘

1958 年应杭州华侨饭店的新建，潘天寿先生作大尺幅山水画《初晴》。此作无疑是殿堂式煌煌巨作，代表了潘天寿先生创作鼎盛期的典型面貌，个性鲜明、风格强烈，极具创新精神，可列为潘天寿成功创作大幅横卷的奠基之作。

潘天寿《初晴图》（局部），1958 年

近距离观赏潘天寿先生的山水画力作《初晴》,确实非常难得。此幅巨帧创作于1958年,是潘天寿先生为新建杭州华侨饭店而作,尺幅很大,画心高141厘米,宽365厘米。画幅右上方题跋:"初晴。一石一花尽奇绝,天台何日续行踪。料知百丈岩前水,更润岩前百丈松。一九五八年戊戌黄梅开候,天寿。"

杭州华侨饭店地处风景优雅的西子湖畔,湖滨路15号,凭窗而望即是西湖美景,背靠市中心,交通便利。该酒店建于1958年,1959年落成开张,为当时杭州最有名的大酒店之一,与1936年建成临西湖的大华饭店一起属于浙江省政府机关事务管理局直接管辖。《初晴》就是潘天寿在大华饭店画成的。

省政府机关事务管理局当时也派任务给潘天寿的好友吴茀之先生,画一幅同样大小的画,潘、吴二位为浙江花鸟画坛的魁首,在全国也是一流大家。吴茀之《美意延年》画心140厘米,宽330厘米。题跋:"鹤千年,松万寿。坐对江山意兴豪,赏梅共醉浇红酒。一九五八年十二月吴谿茀之并句。"

1959年酒店落成,《初晴》《美意延年》两幅画布置在华侨饭店大堂左右,顿时意象万千、美不胜收。但是大画长期悬挂容易受损,所以1979年机关事务管理局托美院领导,让潘天寿的学生对着照片临摹了一幅一样大小

的《初晴》,替代上墙,从此原作入库。1979年以后此幅《初晴》原作没有再出现在公众面前,一晃便是40年。

《初晴》横卷在潘天寿先生生前没有出版过,第一次出版是1997年——潘天寿诞辰100周年,潘公凯主编的《潘天寿书画集》(浙江人民美术出版社出版)下册,第111页,黑白版。改题目《初晴》为《长松流水图卷》,此书获第三届国家图书奖。

第二次出版在2014年,《潘天寿全集》(浙江人民美术出版社出版)第二卷。第172、173页以跨页彩版再现《长松流水图卷》(《初晴》),浓墨重彩、气势磅礴。因为该作特别精彩,所以全图后面又连续用6个页码即三个跨页刊发此图的放大局部,山花、松针、流水、岩石的老辣笔墨和巧妙穿插,精微之处均可细察,全集此卷用8个页码刊发,足以说明分量之重。此书也获得全国性大奖。(笔者作为编委参与了两部书的编辑,任全集的副主编。)

此作无疑是殿堂式煌煌巨作,放在哪里都会是压轴之作,可从三方面来解读。

潘天寿创作鼎盛期的代表性杰作

1948年潘天寿的绘画风格已基本形成,这一年他辞去了国立艺专校长之职,专事教

潘天寿《初晴图》，1958 年

1958 年 5 月潘天寿在杭州接受苏联艺术科学院名誉院士称号

学和创作，画了许多佳作。1949 年蒋家王朝逃离大陆蜷缩台湾，潘天寿、吴茀之等艺术家出于爱国情怀选择留下来，以满腔热情迎接新中国的成立。随着时代变迁，20 世纪 50 年代初期，美术领域曾一度出现民族虚无主义的"左倾"思潮，认为中国画不能画人物，不能画大画，不能表现现实生活。在潘天寿工作的中央美院华东分院（中国美术学院前身）老先生们纷纷被迫离开讲台，中国花鸟画、山水画濒临灭绝之灾，直到毛泽东主席发现问题纠偏，1957 年年底潘天寿复出担任副院长，主持中国画教学。1958 年潘天寿获得苏联艺术科学院名誉院士称号，并补选为全国人大代表。1959 年重新担任院长。

了解这个背景很重要。因为此时潘天寿、吴茀之等老先生情绪最好，创作是需要激情的。给省政府接待重要宾客的酒店，创作悬挂大堂的巨幅中国画，自然是一件非常荣光的任务。说是老先生，其实当年潘天寿 60 岁，吴茀之 57 岁，两位都是一米八的高个子，身体很好，画大画身体条件也很重要。根据美院档案记载，1958 年潘天寿拟创作 100 多幅画，创作热情非常高。

潘天寿创作大幅横卷的奠基之作

在创作《初晴》前，7 月 14 日潘天寿"至半山康桥参观早稻丰收，见村边池塘中芙蓉苗壮，如华岳峰头玉井中所植者，至为可爱。归后即写此以为纪念"。（摘自《露气图》题跋）《露气图》画的是荷塘荷花，大开大合，蓬勃之至，也是经典之作，当年参加苏联画展的作品。《露气图》高 130 厘米，宽 154 厘米，尺幅并不大。

同年另一幅《铁石帆运图》由双幅八尺拼接而成近似于正方形。该画为新安江水电站工程落成，浙江省美协组织画家主题性创作，请了潘天寿先生，潘先生是浙江美协主席。他并没有因政治任务而跟风，他画的依然是拳头型的巨岩、垂天之云般浓荫蔽日的擎天

吴茀之《美意延年图》，1958 年

巨松、雄伟的山体背景，表现新安江西铜官铁矿石以帆船下运暗示深山藏富——"无穷煤铁千山里，浩荡烟波飞运来。"尺幅高 248 厘米，宽 242 厘米。

《初晴》横卷是按饭店大堂高度要求定制的，此幅巨帧可谓是成功创作大幅巨松横卷的奠基之作。无论从意境、气韵、格调等中国传统绘画的价值标准衡量，笔墨语言独特、气魄宏大，给人以激动振奋的感觉。传神寓意，苍古厚重而静穆幽深，充溢着内在的精神美，体现了中华民族的深沉的精神力量。运笔果断而静练，强悍而有控制，藏豪放坚劲之力于含蓄朴拙之中，具有雄健、刚直、凝练、老辣、生涩的特点。

我们从吴茀之《美意延年》题跋可知，华侨饭店的作品他们是 12 月创作完成的。过了年就是 1959 年春天，潘天寿在家里又创作了《百丈岩古松图卷》。《初晴》题诗中已经说到"天台""百丈岩"，而这幅画干脆题目就是"记写百丈岩古松"可知百丈岩巨松在

潘天寿心中的地位，两幅创作大小相当，构图类似。《百丈岩古松图卷》题跋云："记写百丈岩巨松。一夜黄梅酣雨后，万山新绿涨雷峰。料知百丈岩前水，更润岩前百丈松。五九年春，大颐寿。"

大凡岩高百丈，气势壮美者均可称为"百丈岩"，仅浙江就有好几处，而潘天寿画的是天台山百丈岩。他家乡宁海自古就属于天台，他讲的话也是天台口音。他 1931 年就画过天台石梁《石壁飞瀑图轴》（奉化文管会藏），幅面虽小但巨松从天倒挂而下，枝下川流不息，颇见精神。

祖国河山尤其是家乡的自然胜景，长松、流水、山石，雄浑永恒，融汇心源，潘先生思绪万千，喷发出一种持久的创作热情。1958 年至 1964 年，他接二连三地创作了这些巨制：《初晴》（1958）、《百丈岩巨松图卷》（1959）、《江州晚霁图》（1959，钓鱼台国宾馆藏）、另一幅《初晴》（1960)、《长春》（1961)、《雨霁》（1962，潘天寿纪念馆藏）、《松石》（人

潘天寿《铁石帆运图》，1958 年
潘天寿纪念馆藏

潘天寿《小龙湫下一角图》，1963 年

民大会堂藏）、《光华旦旦》（1964）等。再加上《雁荡花石图》《无限风光》《梅雨图轴》最终奠定了他在中国绘画史上的崇高地位。

一幅个性鲜明、风格强烈的创新之作

观此幅巨作，山石和白水是两条线脉，从画幅右上向左下交织横流而下，高远空阔、源远流长、浩浩荡荡；第三条线脉是一树古松从右下擎天横亘展放，也是向左斜立，万古长青，顶天立地。三条线脉大势所趋又不平行，规整而奇崛，气势雄奇盖世，表现出自然界的奇险壮美、力大无比。画面又间以六七种杂花野草，烂漫蓬勃，清新艳丽，更辅以繁荣昌盛之生命力。这既是画家眼中的祖国河山，也是对国泰民安的期许。这样的作品确实与古人拉开了距离，形成了强烈的自家面目。难怪吴茀之先生称此画"气势非凡，令观者有'登昆仑而望河源'之慨。"又赞叹潘先生善于画大画，用笔、用墨、构思、构图都很有办法。

具体到用笔则中锋、侧锋兼用，譬如此幅画的松针，潘先生一反传统中锋用笔的细线条，却用侧锋劈出去，增加阔度和锐利度。全幅用笔勾勒和打苔点都大胆地用浓墨，有意识地减少细节的墨分五色，从而使画面显得特别强烈、果敢、坚定。花草则以没骨与双勾兼而用之，使之远观其势，近察其质，皆有所长。

吴茀之先生说："潘先生作画，特别重气机，讲格调，往往出奇制胜，好野战。无论从构思、构图、取材、笔墨色的运用以至题款及印章中都可发现他的才华高超，在师古人师造化的基础上，充分发挥他的个性和理想，有其极鲜明的自家面目和强烈的艺术慧力。"在《初晴》中得到了充分的印证。

《初晴》还打破了传统的画目分类框框，将山水画与花鸟画的构图有机结合，构图新颖，立意新奇。如果说《初晴》尚属初步尝试，那么1963年的《小龙湫下一角》则更进一步把山水局部与烂漫山花组合在一个方形画面里，创造出一种新的模式。潘老的画作总是带给人们出其不意的惊喜，他的佳作始终于雄浑中饱含浓郁的诗意，有的特意为之创作一首新诗，此画的题跋就是一首新诗。包括题目和七绝一首，不但诗是佳作，书法也非常出色，即使单独取之也是极佳的法书精品。

潘天寿的此类大幅精品通常只有到博物馆里才能观赏到。2019年11月18日，《初晴》在嘉德秋季拍卖会上，经过激烈的你争我夺，最后以2.0585亿元人民币成交。

潘天寿与明末忠臣义士的书画

任道斌

从潘天寿崇仰明末清初忠臣义士的高尚人品，到汲取他们书画艺术的孤傲画品，再到借古开今，写出自己的个性与精神，我们不难看出潘天寿在弘扬至大至刚的浩然正气，在赞扬"宁为玉碎，不为瓦全"的铮铮傲骨，在歌颂精神的独立自由，在养其清高旷达、静远澄澈的心境，在全其啸傲空山野水之间的人格，在进入美的至境。

潘天寿《拟八大墨荷》（局部）

明清改朝换代时，许多忠臣义士不畏强暴，不与清廷合作，或自尽，或逃禅，或起兵，或兵败为僧，或被俘不屈，成仁就义，视死如归。这种精神反应在他们书画艺术中，蕴含着一种独特而丰富的趣味，为后世书画家所崇仰。

历经抗日战争、抗美援朝时代的潘天寿先生，自然也对品格高尚的明末忠臣义士怀有崇仰之心，从他的画论及创作中，我们不难发现潘先生对他们的热爱和钦佩，以及"以人论艺、人艺合一"的审美追求。

潘天寿作为立身诲人的楷模，推崇他们艺术中传达的精神，弘扬他们的正义感，数十年如一日，无怨无悔。

潘天寿崇仰的明末书画家

据潘天寿先生的诗文及书画遗存，可知他所崇仰的明末忠臣义士有倪元璐、黄道周、傅山、程邃、八大山人、弘智、髡残、普荷、石涛、弘瑜等十余人。在崇仰明末忠臣义士人品的心态下，潘天寿先生对他们的艺风分别有过具体的评论。为方便叙述，兹将其分为未出家人与出家人两类，未出家人又分为忠烈死节的"倪黄"与遗民终老的傅山、程邃两类。

倪元璐、黄道周一直是潘天寿先生崇拜的偶像，他们大义千秋、视死如归的不屈气节，感人至深。潘公凯在《潘天寿传略》中称："先生的书法功力很深，得力于卜文、猎碣、二爨及钟太傅、颜鲁公、黄石斋、倪鸿宝诸家，真草隶篆，无施不可，豪迈朴茂，独树一帜。"[1]

"倪黄"的行草书在明末以方棱刚强的笔势、纵横交错的结体、微侧取势的行距、奇倔伟岸的气韵，而崛起于书坛，突破为董其昌秀逸潇洒书风所笼罩的局面，自成一格，丰富了行草书的审美内涵，为动荡时期弘扬民族刚正骨气增加了正能量，因而对潘天寿产生了较大的影响。

这在他所写的《庚辰暮春梦入家祠，见倪鸿宝墨迹喜甚，醒后即记以诗》可见一斑。他在诗中称倪元璐的书法"蛎壁高巍峨，卷轴垂绢素。大草腾龙蛇，簪花妙格度""古韵出金石，隽逸迥天趣。一波一磔间，坚如生铁铸""力可拔千山，气可吞银潢！"又称倪元璐的山水画"剑器书法通，画法宁殊途""细竹侣长松，清冷秋萧疏""画以诗为主""平淡出层奇，云林一门户"。[2]

这些诗句既体现了潘天寿对倪元璐书风的刚正大气、画风的萧疏清冷十分佩服，又体现了他对倪元璐为人的坚贞刚毅，与处世心境的淡泊无欲殊为钦慕，以致日思夜念，竟痴恋成梦，醒后吟诗以记。

潘公凯著《潘天寿绘画技法简介》中称："倪元璐是潘天寿一直敬慕的人物之一，人格刚正，大节凛然，而诗文书画皆精，其诗尤为潘天寿所喜爱，凌峭险拔，意出人表。画亦刚毅清俊。"为说明潘天寿山水技法受到倪氏的影响，潘公凯还在书中附上倪元璐《山水》的局部，指出图中"以侧锋用笔增加锐利感"，而这种清刚奇险之风，得到潘天寿的弘扬。[3]

除"倪黄"之外，潘天寿也爱好傅山的草书，对其不甘媚俗的特色甚为赞许，并珍藏傅山的《草书立轴》，后又为支持书法篆刻

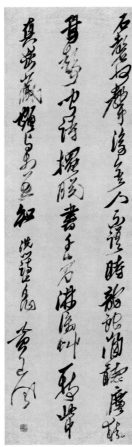

倪元璐《行草书题郊游诗》，明

黄道周《行草书洗心诗》，明
台北故宫博物院藏

专业的建设，将此幅乱头粗服而气势跌宕的作品捐给了浙江美术学院。[4]

明遗民书画篆刻家程邃，所作山水风骨遒劲，又善用浓墨、泼墨，间以渴笔，苍茫厚重，枯湿浓淡皆笔力雄健，强悍而凝练，甚启潘天寿之思。他在《听天阁画谈随笔》中称："用渴笔，须注意渴而能润，所谓'干裂秋风，润含春雨'者是也。近代惟垢道人（程邃）、个山僧能得其秘奥，三四百年来，迄无人能突过之。"[5]

潘天寿还在《治印谈丛》中对程氏的篆刻加以好评，称："清初歙人程邃，专力秦汉，所作名印古意盎然，虽未能独开畦径，然力能恢古，亦印学中之昌黎也。"[6]将程氏在篆刻史上的复古之功，譬为文学史上唐代古文运动的大家韩愈，推许备至。

对于明末清初逃禅为僧的忠臣义士，潘天寿在论述他们的艺风时，也流露出崇仰的心情。他称这些僧人，如"石谿开金陵，八大开江西，石涛开扬州，其功力全从蒲团中来"。[7]他们"都是以禅理悟绘画，以绘画悟禅理者"。[8]"石涛、八大是画家，又是出家人，无俗念，至少俗念比在家人少，所以他们的绘画成就高，至今无人可与他们相比。石涛、八大的画属文人画一路，用笔落墨高人一等，意趣也高人一等"。[9]

这些追求自由，不与清廷合作的义士，在深山禅林中用书画诗文抒写民族正气，既得到佛门的静心，又悟得禅宗的智慧，且具有儒家的仁德、道家的逸致，故而潘天寿要称"残道人（髡残）、个山僧（朱耷）、瞎尊者（石涛）是泄人文中之秘者也，其所作，可与黄岳峰峦、雁山飞瀑并峙。盖绘画与自然景物，合之，本一致；分之，则两全"。[10]

潘天寿赞许药地（方以智）的审美观，他在《听天阁画谈随笔》中称："药地和尚云：'不以平废奇，不以奇废平，莫奇于平，莫平于奇。'可谓为'奇平'二字下一注脚。"潘天寿还称："然而奇中能见其不奇，平中能见其不平，则大家矣。"进一步将平与奇的辩证关系做了很好的阐发。潘天寿又称："画事以奇取胜易，以平取胜难。然以奇取胜，须先有奇异之禀赋，奇异之怀抱，奇异之学养，奇异之环境，然后能启发其奇异而成其奇异。如……八大山人是也，世岂易得哉？"更是对奇的内涵作出深刻的解释，以启艺人学养。[11]

潘天寿对普荷（担当）山水画的天真逸趣十分赞许，童中焘先生称："据吴冠中先生回忆，抗战时期，潘先生在昆明看到不少担当和尚（僧普荷）的画，'回来后谈得特别兴奋'（见《潘天寿绘画的造型特色》）。担当的山水，取法董巨，有自己的面目，笔致生辣简逸，每佚出常径，有奇异之趣。"[12]我想，担当山水中洋溢着他追求自由，不与清廷合作的刚正气节，才使得其简逸脱俗的画面，充满着不畏强暴的浩然正气，这方是潘天寿为之兴奋的原因。特别在抗日战争时期，饱受日寇侵华之灾而背井离

乡、流寓昆明的潘天寿，更情不自禁地对担当之作产生了浓厚的兴趣。

弘瑜也是潘天寿敬仰的僧人，他的行书《夜启》轴，笔势沉着而富有起伏变化，充满左右开弓的力度，为潘天寿珍藏观摩，后来也捐给了浙江美术学院，供学子们学习。[13]

然而，在明末清初逃禅的画僧中，最受到潘天寿推崇的当数石谿、八大和石涛了。

潘天寿称石谿之作"洒脱谨严"，依童中焘先生的说法，潘天寿说石谿，"其实也在说自己"，[14]可见他对石谿的酷爱与弘传。除洒脱谨严外，潘天寿在1961年仿作《晴峦积翠图》上自题曰："石谿开金陵，八大开江西，石涛开扬州，匹马驰驱各有奇径，其一笔一墨，

髡残《层岩叠壑图》，1663年
故宫博物院藏

朱耷《荷石水鸟图》，清
故宫博物院藏

石涛《云山图》，1702年
故宫博物院藏

之意即臻上乘禅矣此山意近代唯残道者得
之 丁亥腊栀開夾心阿蘭若住持壽者栀·许志

潘天寿《水墨山水图》，1947 年

全从蒲团上来。"[15] 又一次强调石谿等人作品中画与禅的关系。这蒲团中来，实则是指禅宗的"静"，以及"少欲则天机多"。古人说"诗要孤，画要静"，正是此意。

其实，潘天寿青年时期初到上海，就对石谿十分崇拜，包括石谿山水布局的茂密，题长款以抒情，以及画面以渍墨法写成，虽然茂密，却有密中不密的意韵。[16] 此情至中年亦不衰，1947 年潘天寿作《水墨山水图》，树密山远，墨沉淋漓，颇有苍茫之象，并隶书

自跋云："画事能得笔外之笔、墨外之墨、意外之意，即臻上乘禅矣。此意近代唯残道者得之。"[17] 而这上乘禅，指的就是画的意境与格调的高雅孤峭，令人从静穆的山水中体悟到自然的魅力与美感，使精神得到超尘脱俗的升华，以忘却烦恼，天人合一。

潘天寿有诗称赞石谿曰："熔六州铁锻千锤，沉默幽深累梦思。鼻息一丝云一衲，万水千山老垂垂。"[18] 表达了对石谿山水画的取法自然、融汇古今，以及意境的苍茫幽深、

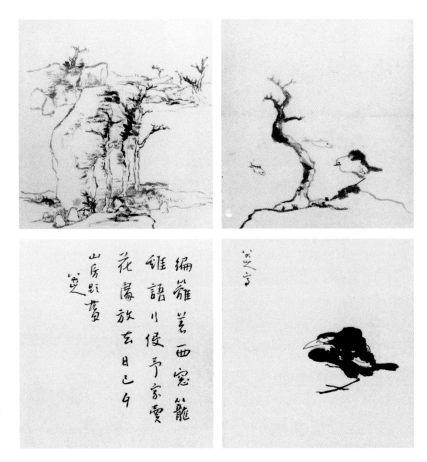

潘天寿《临八大山人花鸟山水册》（局部）
私人藏

故明之思的难舍，殊为推许。

如果说潘天寿对石谿的山水画创作较为赞赏，那么，在写意花鸟画上，他对八大山人更是赞赏有加。

除了"从蒲团中来""泄人文中之秘""开江西画派"外，潘天寿尤欣赏八大山人的大写意花鸟。他说："清初僧八大、石涛，承白阳、天池，谓写意派之长，孤高奇逸，纵横排奡，为清代大写意派的太斗。"[19] 八大山人的大写意，当然也有潘天寿欣赏的"画外之意"，如禽鸟像逢到了禽流感疫情，呈现出萎靡不振的模样，冷漠、惊恐、互不关心，或缩足独立；如鱼作青白眼，荷作高竿出污泥状等，以奇特的造型来抒发身世之感，以及对清初暴政的反抗。

然而，八大山人"以形写神"的笔墨、造型、构图等绘画技法，更为画家潘天寿所注重。他赞赏八大山人的渴笔，有渴而能润之妙，是"三四百年来迄无人能突过之"。[20] 他还称赞八大山人构图的简逸，善用穷款、小字题款、大字印来平衡画面，如说八大之作"空白甚多，所题八大山人款字不甚大，而所钤盖的图章，往往大于款字甚多，始觉相称者"。[21]

在关于构图问题上，潘天寿常常以八大山人的作品为例，阐述其作品中的美感。如称"八大山人画两只小麻雀，加上题款和印章后，也就成为一幅完整的构图了。因为印章、题款都作画材用，就有疏密主客的作用了。布置时要看整个构图，故图章、题款与整个构图有血肉的关联，不能随便布置"。[22]

潘天寿对八大山人构图的奇特甚为钦佩，据弟子童中焘回忆，"潘先生的传记里面讲，有人说八大山人比不上他，他说：'哪里哪里，哪里比得上八大呢！''画不过他，画不过他！八大山人表现事物深刻之极，以虚求实，古无二得，妙处难及，画不过他。''落落疏疏'，很潇洒"。[23]

八大山人黑白互见的山水甚有荒率之意，潘天寿先生对此较钟爱，并特别称赞八大山水中的焦墨用笔，曾作《焦墨山水图》，并题曰："个山僧曾题其所画焦墨松石曰：此快雪时晴图也。今予偶作山水，山间树间，寒白似积太古雪。亦可以个山僧松石语题之，然画材意境则全不同矣。原画事须在不同间求同，黑白间求致，此意个山僧已早知之矣。"[24]

对于八大的画艺，潘天寿写诗抒感道："不堪听唱念家山，尽在疯狂哭笑间。一鸟一花山一角，破袈裟湿暮云鼍。"[25]倾诉了对八大山人的敬仰，以及对他身世际遇的同情。并有临仿之作，以示崇仰。

如此之情，尚见于 1929 年春潘天寿所写《读八大石涛二上人画展后》诗中，其诗一曰："妙运金刚腕，辟支演太阿。奇才瞎尊者，怪物哑头陀。气可撼天地，人谁识哭歌。离离禾黍感，黑沉乱滂沱。"诗二曰："江南山水好，隐岂为逃名。诗冷云霄迥，书茹佛力生。即今谁外古，吾道尚无成。极目天辽阔，怅然思不禁。"[26]

在这二首诗中，潘天寿除对"墨点无多泪点多"的八大山人表达钦佩外，还对另一位沦为苦行僧的朱明王孙石涛，那以书画当作"哭歌"的艺风，也深表钦仰与同情，并抒写了向他们学习的宏愿。

如果说潘天寿对八大的偏好主要在大写意花鸟上，那么，他对石涛的偏好则主要在带有故明破败之悲的山水上。

也许是石涛年仅四岁便遭家破人亡之灾，也

潘天寿《凉月秋荷图》，1941 年

潘天寿《拟石涛山水图》（又名《晴峦积翠图》），1961 年

许石涛留下的画论在同侪中最多和最为精彩，因此让潘天寿对他的关注较其他僧人为更多。他特别欣赏石涛的"一画法""我自用我法"以及"搜尽奇峰打草稿"。对石涛霸悍之气殊为钦慕。

潘天寿对石涛的钦慕，还可以从他另外的几首诗中见到：

1935 年《春游杂味·白沙渡》云："山青水碧白沙渡。墨气淋漓大写真。不是清湘旧草稿，凭谁着我画中身。"[27] 将所见浙江建德新安江的白沙渡美景，喻为石涛山水画，有墨气淋漓之韵。

而《论画绝句·十九》："古阿罗汉是前身，五百年来无此人。岂仅江南推第一，笔参造化墨通神。"诗后注云："瞎尊者石涛。王麓台尝云：海内丹青家未能尽识，而大江以南当推石涛为第一，予与石谷皆有所未逮。"[28] 对石涛笔墨那参乎自然的神妙大加赞赏，并把石涛譬为修行功深的阿罗汉再世，具有佛家的定力。

又如《重梦石涛》云："清湘去我年三百，底事翻然入梦频。阿阁灯辉云外寺，都天相变壁中身。书从屋漏飞来远，诗接秋容淡有神。我是打包苦行脚，苇航何日可知津？"[29] 对石涛书法的自然生动、诗词的冲淡清奇，甚为钦佩，表达了求索不已的努力，抒写了对石涛日思夜梦的真挚情感。

潘天寿《画山水》诗称："世人谈山水，开口辄四王。笔笔穷殊相，功力深莫当。我嬾不可药，四王非所长，偶然睡醒抹破纸，墨沉滞宿住驱使。兴奋飞雨泻流泉，飒飒天风不尺咫。白云兮皑皑，乱石兮齿齿。遥峰淡兮寒沉，晚霞凝兮天紫。漫言一点一画不在规矩中，不足相绳丑与美。呜呼！眼前画人走满市，谁是前世画师今姓李？董巨倪黄难再起，白秃苦瓜佛去矣。"[30]吐露了对石涛等自出机杼的画家们之崇仰,以及对循规蹈矩"四王"画派的批评。

他还作《题拟石涛山水轴》云:"习俗派争吴浙间,随声相誉与相讪。苦瓜佛去画人少,谁写拖泥带水山。"[31]诗中感叹石涛的画风已乏后继,以及对石涛善用湿笔,写出山川拖泥带水的氤氲浑穆之象,富有生动气韵艺风的由衷钦佩。

除上述诗歌外,潘天寿在他的画论中也屡屡提及石涛。表达对这位"开扬州画派"大师的敬重。在"蒲团"说、"泄人文之秘"说之外,我感到以下三点是潘天寿先生所经常强调的:

一是石涛"借古开今"的创新精神。潘天寿说:"新,必须由陈中推动而出。倘接受传统,仅仅停止于传统,或所接受者非优良传统,则任何学术,亦将无所进步。""苦瓜和尚云:'故君子惟借古以开今也。'借古开今,即推陈出新。于此,可知传统之可贵。"他还接着说:"接受优良传统,倘不起开今作用,则所受之传统,死传统也。……苦瓜和尚云:'师古人之迹,而不师古人之心,宜其不能出一头地也,冤哉!'"[32]

即使在晚年谈到指头画艺术时,潘天寿仍强调,"得根据时代的要求,发挥我们的智慧,一方面加以继承,另一方面要加以革新和创造。石涛说:'凡事有经必有权,一知其法,即工于化。'道理便是如此"。[33]否则,学古而不出新,就成了"笨子孙"。

二是石涛"有法无法"说的主观能动性。石涛曾说"我自用我法",被人评为"至人无法",而实际上石涛从"必然王国"进入了"自由王国"。潘天寿对此有深刻地理解。他称:"济山僧(石涛)《画语录》云:'太古无法,太朴不散,太朴一散,而法立矣。'故无法,画之始;有法,画之立。始与立,复融结于自然,忘我于有无之间。画之成,三者一以贯之。""法自画生,画自法立。无法非也,终于有法亦非也。故曰:画事在有法无法间。"[34]

潘天寿因而对石涛"搜尽奇峰打草稿",师古人、师造化,自得心源的"迁想妙得",甚为赞同,这其实也是石涛创新精

潘天寿《行草书耐有寒香》,1948 年

潘天寿《篆书四壁岩花联》，1955 年

神的延续。

三是石涛精湛的笔墨、题跋与构图艺术。石涛的"一画法"，讲的是全幅作品的首尾一致，气韵生动。而要达到此目的，必然涉及到绘画本身的技术要求，唯有实践至深者方能道得明白。

潘天寿称赞石涛善用墨点。他说："画事用笔，不外点、线、面三者。苦瓜和尚云：'画法之立，立于一画。'一画者，一笔也。即万有之笔，始于一笔。""然线由点连接而成，画由面扩展而得，所谓积点成线，扩点成面是也。故点为一线一面之母。"[35]

接着，潘天寿称："苦瓜和尚作画，善用点，配合随意，变化复杂，有风雪晴雨点，有含苞藻丝缨络连牵点，有空空阔阔干燥没味点，有有墨无墨飞白如烟点，有如胶似漆邋遢透明点，以及没天没地当头劈面点，千岩万壑明净无一点，详矣。然尚有点上积点之法，未曾道及，恐遗漏耳。点上积点之法，可约为三种：一，醒目点；二，糊涂点；三，错杂纷乱点。此三种点法，工于积墨者，自能知之。"[36]可谓将石涛的墨点法，分析得头头是道，发人深省。

至于石涛的题跋，潘天寿称："石涛诗文书画，无不擅长，且造诣至为深沉。在书法方面，小楷、行书、隶书，无不精工，故所绘画的题识，或穷款，或短款，或长款，或多处款，均极尽变化，恰到好处，可称近代题款圣手。石涛的题款，所以能得到恰到好处，当然与他诗文书法的造诣有关，但与他许多长短的名号,也有相当的关系。"[37] 关于题款,潘天寿在《中国画题款研究》一文中,特别列举了石涛十几则例子予以具体说明,[38] 显示出他对石涛学养的钦慕。对石涛构图中的霸悍、险绝之势,潘天寿亦有好评。他说:"石涛好野战,予亦好野战。野战霸悍,观者无奈霸悍何?"又说:"书家每以险绝为奇。画家亦以险绝为奇。此意唯颜鲁公、石涛和上得之。近人眼目多为赵吴兴、王虞山所障矣。"[39]

对于石涛的构图,潘天寿不仅钦慕,而且心向往之。诚如潘公凯所说:"石涛所谓'吾道一以贯之'。潘天寿所谓'绘画之事,宇宙在乎手'。都是指画面作为艺术创造的自身圆满性。'万物归于一',一是最大的数,一,就是圆满。什么叫'圆满'?就是各局部的矛盾运动达到和谐统一的状态。一就是整体,画面就是一。"[40]

潘天寿对上述明末忠臣义士艺术的认识,自然会对他的书画实践产生很大的影响。

潘天寿对前人书画艺术的汲取

借古开今,是潘天寿学习传统的主旨。他的借古,汪洋恣肆,较为广泛,但从上文的分析与论述中,我们不难看出,他与明末忠臣义士的审美,有着不解之缘。

他的书法,尤其是行草书,跌宕起伏,有着倪元璐、黄道周的奇倔之势,宁拙勿媚,墨势飞舞,连绵不绝,而有刻划之力,如锥划沙;富铁铸之质,锋棱激越,方笔横势,俊朗四出,而雄俊不羁。潘天寿的隶书、篆书,则有禅宗的沉稳静气,犹若蒲团老僧,清相秀骨而定力无穷,蓄有气吞山河之力,泰山压顶而不为动容。前者如行草书《笔有误笔轴》《耐有寒香轴》,后者如《南国书城匾额》《篆书四壁岩花联》等。[41]

潘天寿的焦墨山水,尤其是早期的作品,如《观瀑图轴》(1930 年)、《山居图轴(一)》(1931 年)、《秃笔山水图轴》(1941 年),有着石谿构图饱满、石涛干笔皴的明显影响,卷面

潘天寿《奇鱼图》

潘天寿《墨色小鸟图》，1928 年

潘天寿《拟八大墨荷图》

重笔浓墨，苔点斑驳混穆，具地老天荒的苍茫之趣。而所绘松石，讲求倔强健劲之势、骨力峥嵘之气，老辣奇险，亦有二石的桀骜孤高。所写《凉月秋荷图轴（一）》（1941年），更多石涛泼墨面、焦笔线的造型意趣。[42]

1948年，潘天寿作《松下观瀑图》，题句有："或谓略似瞎尊者，可信然耶？"1953年，潘天寿作《焦墨山水轴》，题句有"个山僧曾题其所画焦墨松石……此意个山僧已早知之矣"云云。[43] 1961年，潘天寿作《携琴访友图轴（二）》，题云："济山僧有此本，兹背拟其大意，而霸悍过之。奈何。"[44] 此年又作《晴峦积翠图》，题句有："曾见石涛上人有此本，即背拟之，愧未能得其意致，而粗放过之。奈何。"1963年，潘天寿作《无限风光在险峰图轴》，题句有："偶作指画，气象在铁岭、清湘气象之外矣。"[45] 这些都直接说明了潘天寿在创作中对八大、石涛等前贤艺风的汲取，以及借古出新的不懈努力，可谓数十年初心未改。

在禽鸟与游鱼及墨荷的创作中，潘天寿对八大山人的大写意多所借鉴。早在1928年，潘天寿作有《墨色小鸟图》，小鸟单足独立于斜石上，造型与水墨韵味皆有八大的气象，他自题曰："似八大矣，呵呵。三门湾人。"1958年时，潘天寿作册页画，水墨小品尤有墨分五色及淋漓酣畅之妙，其中《拟八大墨荷》，题曰："拟个山僧而似矣。"《拟个山僧鱼》，绘鲶鱼，形似八大之作，题曰："背临个山僧。"次年，他又作《拟雪个双雀图》，绘双雀眼珠上突，相向叽叽喳喳，似不友好，其中一只麻雀翘尾怒叫，另一只鼓腹弓背，张口结舌，甚为生动。题曰："拟雪个。"是年，潘天寿又作水墨团扇面《醉雀图》，

款曰："拟个山僧而未能似。"约在1960年，潘天寿还为林乎加作《拟个山僧睡鸟图轴》，绘缩足岩上闭目的水禽，有八大山人笔下水禽冷漠之状，并题曰："拟个山僧而未似。"此后还作《八哥图轴》，黑白相映、线面互济，八哥双双闭目缩足，一派孤高脱俗之状，款云："偶然作画，略似个山僧矣。一笑。"还作《拟八大翠鸟图轴》，潘天寿自题："拟个山僧。"鸟那突兀的眼神、缩足的姿态，以及背景的水草枯竿，极具八大山人的水墨意韵。图上题曰："拟个山僧。"此外，又有《奇鱼图卷》，自题曰："个山僧画鱼，一点一抹，奇情异状，跃然纸外。未能步趋间得之，奈何。"[46]

潘天寿的水禽、游鱼及荷花，有些虽未题"拟个山"，但八大那水墨韵味、画外的明清鼎革之悲，却跃然卷上；疏朗简率的空灵美感，得到深化。

从潘天寿崇仰明末清初忠臣义士的高尚人品，到汲取他们书画艺术的孤傲画品，再到借古开今，写出自己的个性与精神，我们不难看出潘天寿在弘扬至大至刚的浩然正气，在赞扬"宁为玉碎，不为瓦全"的铮铮傲骨，在歌颂精神的独立自由，在养其清高旷达、静远澄澈的心境，在全其啸傲空山野水之间的人格，在进入美的至境。

"气结殷周雪，天成铁石身。"[47] 无怪乎潘天寿的书画作品有着禅僧的静气，有着忠臣义士的强骨，有着优秀文人的涵养，有着杰出画家的强烈个性，写出了时代的自强不息之民族精神，将昔日婉约的文人画，注入了雄奇的豪放和不屈的霸悍，从而在中国美术史上开启了新的篇章。

1　潘公凯编：《潘天寿谈艺录》，杭州：浙江人民美术出版社，1997年，第219页。

2　潘天寿著，王翼奇、钱伟强、吴亚卿、顾大朋校注：《潘天寿诗集注》，杭州：浙江古籍出版社，2009年，第94页。

3　潘公凯著：《潘天寿绘画技法简析》，杭州：中国美术学院出版社，1995年，第30页。

4　陈永怡编著：《潘天寿美术教育文献》，杭州：中国美术学院出版社，2013年，第222页。

5　潘公凯整理：《潘天寿美术文集》，北京：人民美术出版社，1983年，第25页。

6　同上书，第214页。

7　同上书，第9页。

8　同上书，第196页。

9　潘公凯编：《潘天寿谈艺录》，杭州：浙江人民美术出版社，1997年，第166页。

10　潘公凯整理：《潘天寿美术文集》，北京：人民美术出版社，1983年，第214页。

11　潘公凯编：《潘天寿谈艺录》，杭州：浙江人民美术出版社，1997年，第77页。

12　童中焘著：《童中焘解读潘天寿》，杭州：浙江人民美术出版社，2017年，第7页。

13　陈永怡编著：《潘天寿美术教育文献》，杭州：中国美术学院出版社，2013年，第221页。

14　童中焘：《童中焘解读潘天寿》，杭州：浙江人民美术出版社，2017年，第73页。

15　同上书，第68页。

16　参《潘天寿绘画技法简析》，第37页；潘天寿《关于构图问题》，杭州：浙江人民美术出版社，2015年，第5页。

17　《潘天寿书画集》编委会编：《潘天寿书画集》（下编），杭州：浙江人民美术出版社，1996年，第64页。

18　潘公凯编：《潘天寿谈艺录》，杭州：浙江人民美术出版社，1997年，第186页。

19　潘公凯整理：《潘天寿美术文集》，北京：人民美术出版社，1983年，第187页。

20　同上书，第25页。

21　同上书，第147页。

22　潘天寿《关于构图问题》，杭州：浙江人民美术出版社，2015年，第53、54页。

23　童中焘著：《童中焘解读潘天寿》，杭州：浙江人民美术出版社，2017年，第84页。

24　《潘天寿书画集》编委会编：《潘天寿书画集》（下编），杭州：浙江人民美术出版社，1996年，第84页。

25　潘公凯编：《潘天寿谈艺录》，杭州：浙江人民美术出版社，1997年，第182页。

26　潘天寿著，王翼奇、钱伟强、吴亚卿、顾大朋校注：《潘天寿诗集注》，杭州：浙江古籍出版社，2009年，第18、19页。

27　同上书，第37页。

28　同上书，第71、72页。

29　同上书，第88页。

30　同上书，第97、98页。

31　同上书，第165、166页。潘天寿又有《晴峦积翠图》，所题诗句略似。

32　潘公凯整理：《潘天寿美术文集》，北京：人民美术出版社，1983年，第12页。

33　同上书，第63页。

34　同上书，第3页。

35　同上书，第17页。

36　同上书，第18页。

37　同上书，第145页。

38　同上书，第119-148页。

39　潘公凯编：《潘天寿谈艺录》，杭州：浙江人民美术出版社，1997年，第76、77页。

40　《潘天寿绘画技法简析》，第46页。

41　《潘天寿书画集》编委会编：《潘天寿书画集》（下编），杭州：浙江人民美术出版社，1996年，图150、图151、图422、图198。

42　同上书，图100、图56、图54、图101。

43　《潘天寿书画集》编委会编：《潘天寿书画集》（上编），杭州：浙江人民美术出版社，1996年，图40、图53。

44　《潘天寿书画集》编委会编：《潘天寿书画集》（下编），杭州：浙江人民美术出版社，1996年，图339。

45　《潘天寿书画集》编委会编：《潘天寿书画集》（上编），杭州：浙江人民美术出版社，1996年，图106、图157。

46　《潘天寿书画集》编委会编：《潘天寿书画集》（下编），杭州：浙江人民美术出版社，1996年，图45、图276、图278、图293、图306、图337、图364、图373、图492。

47　潘天寿自题《梅月图轴》诗句，见《潘天寿书画集》编委会编：《潘天寿书画集》（上编），杭州：浙江人民美术出版社，1996年，第243页。

潘天寿早期花鸟画创作与教学研究

陈永怡

潘天寿说过，在三四年时间里是培养不出艺术家的，本科教学重在传统技法和综合学养上打好基础。本文试图对潘天寿早期，主要指民国时期的花鸟画创作和教学观点做一简要梳理，以便进一步理解他在新中国成立后一系列中国画教学改革的出发点。

潘天寿《青绿山水图》（局部）
潘天寿纪念馆藏

潘天寿曾对张振铎说过："我的山水比花鸟强。"但在张振铎看来，潘天寿山水固强，花鸟也不弱，这可能是他一时"兴之所至"之谈。[1]其实潘天寿早年跟很多古代画家一样，人物、山水、花鸟齐头并进，并无专长某项之说。只是在他自己心目中，也许认为山水更胜一筹。他在 20 世纪 50 年代提出人物、山水、花鸟分科教学，主要由于当时传统山水、花鸟不受重视，为了挽救中国画文脉，在有限的教学时间内培养专精人才，深思熟虑才倡导此方案。潘天寿也说过，在三四年时间里是培养不出艺术家的，本科教学重在传统技法和综合学养上打好基础。本文试图对潘天寿早期，主要指民国时期的花鸟画创作和教学观点做一简要梳理，以便进一步理解他在新中国成立后一系列中国画教学改革的出发点。

"恭谨"的写意

目前所见潘天寿最早的一幅花鸟画是作于 1918 年的《设色枇杷图》，为其在浙江一师就读时应同学之请而作，此幅作品很明显学习的是海派吴昌硕一路的风格，对角线构图，用笔圆润有力，金石韵味是其手摹心追的对象。但是从赴上海前的作品看，潘天寿重点还是学习徐渭的笔墨风格，如《清影摇风图》《紫藤白头翁图》《紫藤明月图》《雪景八哥图》等，以草书笔意入画，用笔恣肆，水墨淋漓，喜用淡墨渲染背景。因为潘天寿学习中国画的途径主要靠自学，所以其内在的气质个性让他自然向徐渭自由挥洒、独抒性灵的大写意画风靠拢。

初学上手就画大写意，虽然痛快，但容易缺规少矩，走入险途。这也是潘天寿赴沪后经吴昌硕告诫，转而老老实实地深入吴派的原因，但是他内心的"不安分"还是在同时期的山水画中显露出来。20 世纪 20 年代，八大、石涛在民国上海受到热烈追捧。这一方面是对四王末流枯槁萧索、陈陈相因画风的反叛，另一方面明遗民画家刚强不屈的忠贞气节也为内忧外患的民国社会提供了精神支柱。潘天寿固然受到这一艺术潮流的影响，但石涛的随性纵恣、石豀的丰富多变和八大的简括奇偄，跟他个人的艺术气质尤为契合。他有这样一个论艺片段，多次在作品中抄录："世人谈山水，举手辄四王。笔笔穷殊相，功力深莫当。我懒不可药，四王非所长。偶然睡醒抹破纸，墨汁滞宿任驱使。兴奋飞雨泻流泉，薿薿天风下尺咫。……呜呼！即今画人走满市，谁是我师人姓李？雪个阿长均已死。"[2]可以看出，他对八大、石涛的认同，主要还是气质个性使然。

写意画是中国文人画的最高表现形态。虽然大写意兴盛于明代，但传统艺术中，写意一直是中国画观物取象的一种方法，也是笔墨表现的一种方式，更直接决定了中国画的审美特点。魏晋时期，在玄学的影响下，跟"神"有关的概念大量出现，强调人的才情、容姿、气质等精神层面，进而影响到人物画创作的"以形写神"的观念和表现方法，但此时的以形写神，写的是对象之神，仍然偏重具体事物的形状。唐张彦远在《历代名画记》中评吴道子曰："书画之艺，皆须意气而成。"这里的意气指性格、气质、情绪和志趣，

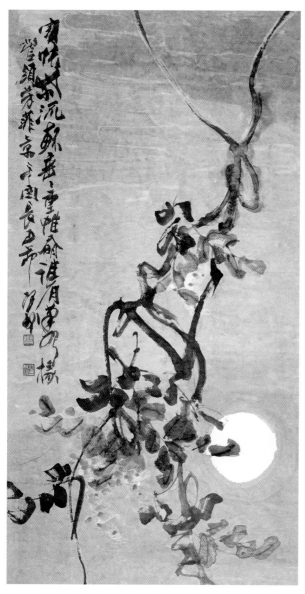

潘天寿《紫藤明月图》，1921年
宁海文物管理委员会藏

潘天寿《雪景八哥图》，1921年

表明唐时开始强调主体审美意识的主导作用。朱景玄的神品和黄休复的逸格也是笔简形具的写意画审美标准确立的关键。宋元文人参与绘画后，更强调抒写胸中盘郁，求象外之象，意外之意，写意审美趣味也从"道"向文人的人生情趣和生活心态的转变，产生简、雅、淡、远等审美趣味，而且在笔墨上形成一整套的表现方法。到明清，写意绘画无论在作品主旨还是表现形式上都已成主流，更

加强调审美主体的个性表现。石涛"法自我立"是对画者修养、个性的张扬。20世纪初，传统写意画的形式和内涵虽已高度成熟，却遭受了西方写实主义持论者的批判和质疑。

但是潘天寿从来没有因为写实艺术的挑战而怀疑传统写意画的高度。他取法青藤白阳，追摹金石画派，在20世纪大写意花鸟画领域独辟蹊径，这是因为他充分意识到了写意画自身存在的问题，正如他所批评的，"凡

文人画，往往重文人风趣，而缺功力，即董氏之所谓顿悟禅也"。[3] "无十年面壁之功，徒以顿悟护短，为明清士夫通病。"[4] 写意成为缺少画功的一种托词。因此潘天寿十分认同黄宾虹的观点，"（宾虹）先生'合文人、名家之长，以救偏毗'之主张，甚是"。[5] 就是写意画只有在画面技法功夫和画家的格调内美上都加以锤炼，才能超越明清写意末流，重塑以境界格调为最高追求的写意价值，将写意技法和审美推向新的人文高度。这里，引录一下李苦禅的回忆可能很有必要：

我还记得，当年潘老作画，一般是静静地一个人在画室中作画的，他的大写意，非常恭谨、稳重，一点一划皆慎重为之，态度非常严肃认真。我想到，有的外行常以为大写意是不假思索地狂涂乱抹，实则不然，大写意画乃是中华民族的一种独特的艺术。从潘老的画中，即可看出，大写意画常选取大自然中人们往往不留心的、美的画材。在作画时，各方面都要求比现实的东西更高。不过，它从未离开现实的基础。它是在"狂怪"中求理，绝非胸无点墨的胡来。大写意这种高度艺术，只要明了画理，不论看上去是一气呵成的信笔挥洒，也不论是惨淡经营的沉稳运笔，或快或慢，皆可殊途而同归。[6]

潘天寿早年受个性驱使，信笔由缰，后期转向沉郁雄肆，霸悍之气、雄浑的力量由外放走向内敛，离不开"狂怪"中求理和"恭谨"的写意，这是艺术的成熟，更是艺术理性的胜利。

传统题材的突破

1928 年到杭州国立艺术院任教的潘天寿，一方面开始在笔墨构图上求新求变，另一方面也尝试拓宽画作的题材。他寓居西湖边俞楼，《西湖秋色图》就是他当时居住环境的生动写照，春鸟啼梦，湖天清朗，这个时期他笔下出现的清新生动的题材，映射出他对自然的直接观察和内心的平静愉悦。如《鸡冠八哥图》，题曰"鸡冠有红黄紫白诸种，最矮者名寿星鸡冠，扇面者尤以矮为佳"。《黄菊图》乃观察到湖滨公园中的洋菊花而为其写照，还有西湖边四望无数的荷花。"映日荷花红十里，湖光湖色绮霞中。"[7] 他所画荷花，不是对前人的拟仿，而是表达自身写生观察所得的情致意趣，而荷花自此成为他最主要的画材之一。

但传统的梅兰竹菊仍是他最主要的画面内容。因为"画坛地位极宽，可任人随时随地割据一方管领数百年。则画梅兰竹者可不必因与可、华光、所南辈在先而让席，因彼辈亦不过偶据一方耳。"[8] 虽兰竹有文同、释仲仁、郑思肖画名在先，后世亦可以寄寓己意，推陈出新，而此中的要义，即在于传统绘画的写意性。

借由梅兰竹菊写心寄意，笔墨、境界自然各各不同，虽然画的是相同题材，仍然有很大的拓新空间，这是潘天寿突破前人的途径之一。比如他以霸悍之笔写兰，以穆桂英寨旗杀敌作比。[9] 在格调上以"清"为贵，"兰竹清品，以只见其清为贵"。[10] 1962 年即便以五彩画兰竹，仍求其清寒之风骨。抗战胶着，

潘天寿《西湖秋色图》，1929 年

他题赠谢海燕墨兰横幅："不多笔墨已离披，纫佩何心唱楚辞。同与夷齐无寸土，露根风叶雨丝丝。"国土沦陷，悲愤之情，跃然纸上。

另一条突破前人的途径，在于置陈布势上的险绝追求。1928 年的《绯袍图》是一件值得重点关注的作品，因为它首次呈现出潘天寿在构图布局上的胆量。一块顽石从画面上部直冲而出，而潘天寿仅用几棵朱竹从下而上加以支撑。更甚者，他将一条长款题于石头正下方，跟朱竹一起成为支撑之力。这一处理可谓奇绝。"予不懂画，故敢乱画，说是画好，说不是画亦好，不妄自批评，被讥蜀犬。"他虽然说自己是"乱画"，心里却有底气。他指出："书家每以险绝为奇，画家亦以险绝为奇，此意唯颜鲁公、石涛和尚得之，近人眼目多为赵吴兴、王虞山所障矣。"[11]颜平原书法寓奇峭于端严，石涛所作笔墨精微而构图奇迥，这些潘天寿都深有领会而在画面上加以充分的实践。

1931 年所画《梅兰竹石图》用了两个 S 型来统贯梅、兰和竹石的走向，类似的构图可以在他 1929 年的《青山白云图》和 1930 年的《曲谷图》中看到，因此他是用山水的气脉来安排花鸟的布局，使得花鸟画的气象开张阔大。从这一点上看，他后来山水与花鸟结合的方法，其实画面的体都是山水之体，这跟他山水花鸟兼擅是分不开的。

创作于 1931 年至 1932 年的一套山水和花鸟册页在潘天寿风格发展史上也是需要重点关注的作品，它们已经显现出潘天寿后期个人语言的探索动向。其中《晴秋图》《青绿山水图》是对空勾山石、化实为虚的初步探索。《甬江口炮台图》《霜天暮钟图》《柏园高士图》是对简括劲健用笔的尝试，《墨笔花图》呈现出对黑白关系的精心处理。这组作品全面揭示了潘天寿在构图上创新的密码。

潘天寿《绯袍图》，1928 年
宁海文物管理委员会藏

潘天寿《青山白云图》，1929 年
中国美术馆藏

潘天寿《赠海燕墨兰图》，1944 年
私人藏

潘天寿《青绿山水图》
潘天寿纪念馆藏

潘天寿《柏园高士图》
潘天寿纪念馆藏

1933 年《梅兰竹图》中淡墨兰盆的线条与浓墨梅枝相交，把画面分为几个大的空白，这是对空白分割富有实验性的处理。这种实验性在 1935 年的《江洲夜泊图》和 1936 年的《梦游黄山图》中得到更进一步的尝试。可惜随着抗战西迁的开始，生活颠沛流离，安稳的创作时间无多，潘天寿在山水画面语言上的探索暂告一段落，花鸟创作还是多见梅兰竹菊松荷等，但是他在构图上的实验并未止歇。1946 年的《幽兰灵芝图》，二条劲挺的兰叶构成一个空间，由兰花和题下来的款识破掉这个空间。1948 年《幽香独放图》，一块大石头从左到右直接顶到右侧画边，一条自然下垂的兰叶与石尖形成交叉，构图可谓奇偏。对险绝构图的有意识实验和强化，奠定了他后期驾驭巨作中大开大合的基础。

理法与基础

对于中国画教学，潘天寿一直主张以中国画的独立发展来增强民族文化的独立意识，包括独立设置系科、独立教学和自主的教学体系等。1939 年他呈文提出取消绘画系，恢复国画、西画系的建议被教育部采纳，该年学生入学后第二年即分山水、花鸟两科学习，是为分科教学的雏形。1944 年他出任校长后，国画专业开设的课程除了临摹、写生、习作外，还有诗词、篆刻、绘画史论等符合于国画特点和发展方向的科目。

在花鸟画具体教学上，潘天寿把自己的创作经验融汇进去，突出中国画的艺术特点，比如对写意的强调。"吾国的绘画，从唐宋以来，渐渐脱开历史宗教等的机械艺术，深深

潘天寿《墨笔花图》
潘天寿纪念馆藏

进入自我心灵情致表现的堂奥。"[12] 他认为艺术的进化就是从描摹自然到精神表现，文人画讲求画外意趣，就是进化的产物。据常书鸿回忆，北平、杭州两个艺专合并后，国画家很少，洋画家占多数。在讨论教学时，多数主张无论洋画、国画都应该以素描写生为主。"潘先生不同意，说国画虽要写生，但那是一个过程，重要的是写意，用水墨来写意。"[13] 他还说："练笔在课堂，取材在自然，立意在心上（思想）。"[14]

他认为笔墨技法是民族绘画的特点，必须加以重视和研究，不能轻率地抹杀和否定。但是他同时指出笔墨背后是人格、艺格，不然会掉入纯粹玩弄技巧的泥淖。"将中国画看成玩弄笔墨是不对的。在思想上无所追求，

无所寄托，不讲精神境界，画格总是提不高的。"[15] 所以潘天寿在早期教学中尤其强调以线造型，以形写神，让学生增强文化修养，真正深入生活。

在具体学习传统时，潘天寿主张学花鸟画从兰、竹入手，继而菊、梅等。一是立德，二是必须在书法上下功夫，不能在纸上横涂直抹。三是须读书有学养，才能理解兰竹的君子之风。[16] 这种循序渐进的教学方法无疑跟他自己的创作经验是有关系的。

他还十分重视夯实学生的基础，反复强调学画要从规矩入手，常说："不以规矩不能成方圆嘛！"这首先体现在笔墨技法基础上，他说："不论画什么，墨色最重要（那时没有现成的书画墨汁），所以磨墨是首要问题。如

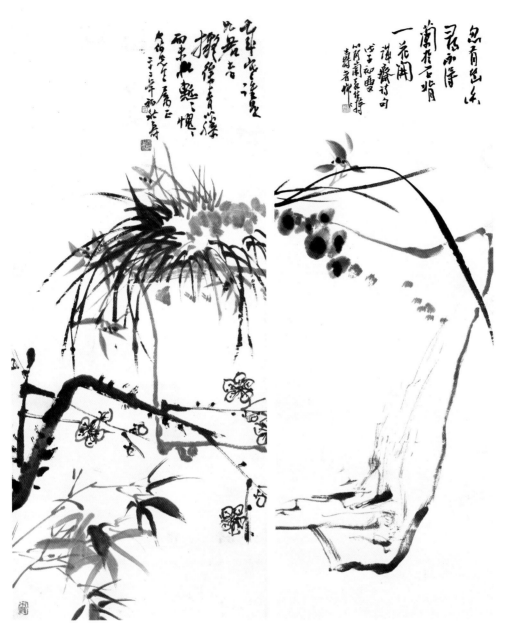

潘天寿《梅兰竹图》，1933 年
潘天寿纪念馆藏

潘天寿《幽香独放图》，1948 年

墨色不浓，不能轻易下笔。作品好坏，墨色一半。中国的墨，是永不变色的。"[17] 他不让学生临习自己的作品，因为说自己的画没规矩，可以看看，不好临摹的。[18] 其实是因为他笔墨个性太强，不适合初学的缘故。

其次是对理法的重视，比如他指导学生点苔，他说："点苔的用笔分轻重、浓淡、干湿，这是由于苔藓有种类、颜色的不同；生

长在地上有疏密、厚薄的不同；土质也有肥沃、贫瘠的不同，所以各有其表现的要求，不能信手涂抹，随意挥洒，既不可均匀平板，也不可杂乱无章，更不可违背自然生长的规律，每一笔都要有根据。要说得出轻重的原因，浓淡的目的，干湿的道理。"[19] 所以，只有明了理法，才是写意的基础。

综上所述，民国时期是潘天寿创作的探

索期，他继承文人画传统，高扬写意精神，在画面构图和笔墨意境上寻找拓新之途，并将艺术理念在教学上加以贯彻实施，重视理法基础，讲求人文学养，逐步建构起中国画独立自主的教学体系，为新中国成立后中国画教学体系的完善奠定了重要的基础。

1 张振铎：《忆寿师》，《潘天寿研究》，杭州：浙江美术学院出版社，1989年，第44页。

2 潘天寿《楷书世人谈山水四条屏》，1927年。

3 读《绘事微言》眉批。潘公凯编：《潘天寿谈艺录》，杭州：浙江人民美术出版社，1997年，第165页。

4 同上书，读《习苦斋题画》眉批。

5 同上书，读《画法要旨》眉批。

6 李苦禅回忆潘天寿，《潘天寿研究》，杭州：浙江美术学院出版社，1989年，第6页。

7 1932年潘天寿作《荷花图》题词。

8 1931年，潘天寿题《梅兰竹石图》。

9 题《兰》："此谓春兰，清妍婉约，为空谷佳人。今以霸悍之笔写之，非卓文君之春风鬟影，而似穆桂英之搴旗杀敌矣。一笑。"潘公凯编：《潘天寿谈艺录》，杭州：浙江人民美术出版社，1997年，第76页。

10 题《兰竹》，同上书，第80页。

11 题《简笔青绿山水图》，浙江美术家协会藏。

12 潘公凯编：《潘天寿谈艺录》，杭州：浙江人民美术出版社，1997年，第164页。

13 常书鸿回忆潘天寿，《潘天寿研究》，杭州：浙江美术学院出版社，1989年，第13页。

14 蔡若虹《怀念潘天寿先生》，《潘天寿研究》，杭州：浙江美术学院出版社，1989年，第48页。

15 潘公凯编：《潘天寿谈艺录》，杭州：浙江人民美术出版社，1997年，第59页。

16 朱培钧《人品·才情·学问》，《潘天寿研究》，杭州：浙江美术学院出版社，1989年，第97页。

17 李寄僧《回忆母校初创时期的学习生活》，《浙江美术学院中国画六十五年》，杭州：浙江美术学院出版社，1993年，第30页。

18 蓝仲民《自由的艺术沃土》，同上书，第37页。

19 宋秉恒《同潘先生相处的日子》，《潘天寿研究》，杭州：浙江美术学院出版社，1989年，第63页。

潘天寿《梦游黄山图》，1936年
潘天寿纪念馆藏

人 物

潘天寿的三次雁荡之行

周飞强

潘天寿 1955 年有一趟雁荡山之行。1960 年，潘天寿等人曾再赴雁荡山。1961 年暑期，潘天寿和吴茀之、诸乐三、高培明、朱颖人、叶尚青等人又赴雁荡。三次雁荡下乡之行，潘天寿等人留下了数量可观的铅笔勾稿、诗稿、书作及画作，对今后的艺术创作有不小的影响。

吴昌硕的《读潘阿寿山水障子》写道：

龙湫飞瀑雁岩云，石梁气脉通氤氲。久久气与木石斗，无挂碍处生阿寿。寿何状兮顾而长，年仅弱冠才斗量。若非农圃并学须争强，安得园菜果瓜助米粮。生铁窥太古，剑气毫毛吐，有若白猿公，竹竿教之舞。昨见画人画一山，铁船寒壑飞仙端。直欲武家林畔筑一关，荷蒉沮溺相挤攀。相挤攀，靡不可，走入少室峰，遇着吴刚刚是我。我诗所说疑荒唐，读者试问倪吴黄。只恐荆棘丛中行太速，一跌须防堕深谷，寿乎寿乎愁尔独。

首句即给人感觉潘天寿所绘的是雁荡题材的山水障子，并由此或可推知其曾有雁荡山之行，然如今缺一手文献来进一步佐证。

从《吴茀之手稿》《诸乐三日记》，及宋忠元的《我院中国人物画发展的历程》等资料可知，潘天寿 1955 年有一趟很确定的雁荡山之行，并可详其大概。约 6 月 10 日，彩墨画科主任朱金楼与潘天寿、吴茀之、诸乐三、潘韵，及方增先、宋忠元，工友张阿明共八人，取道杭临线，12 号夜宿临海。第二日到达雁荡山灵岩寺，在此住半月；又移住灵峰寺，计在山近匝月。于 7 月 9 日取道温州、金华，

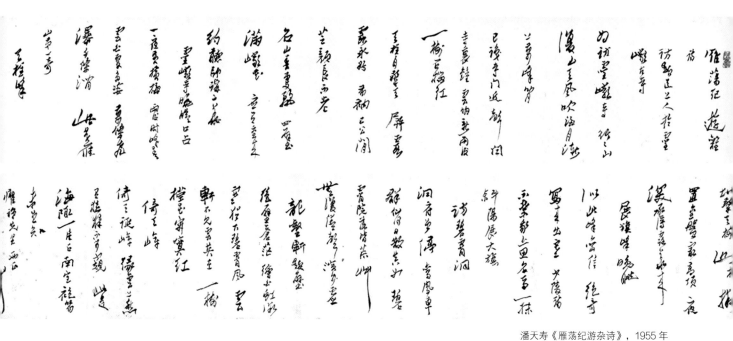

潘天寿《雁荡纪游杂诗》，1955 年

11 日返杭州。[1] 此次雁荡下乡之行很重要，因为时间很长，潘天寿等人都留下了数量可观的铅笔勾稿、诗稿、书作及画作，对今后的艺术创作有不小的影响。

现藏温州博物馆潘天寿《为显道上人所作行书诗》，款署"乙未梅雨声中，天寿"，可知其作诗并书于住灵岩寺时。全诗曰：

天柱自擎天，屏霞霞永好。
布衲已公闲，芝颜长不老。

如今的雁荡有一方石刻，乃潘天寿赠当时的灵岩寺方丈守觉法师诗，另有墨迹存世，所作时间应与前幅大致同；前诗或作于前一天或夜雨时，此诗则吟于第二天早上起来雨霁之后，因其名曰《灵岩寺晓晴口占》，诗为：

一夜黄梅雨后时，峰青云白更多姿。
万条飞瀑千条涧，此是雁山第一奇。

戴盟的《雁山长忆大颐诗》一文，对潘先生的这首诗和书法都极赞赏：

这首诗，确是写的雁山，也确是不可移易的黄梅雨后。峰青云白，缥缈多姿，千万条飞涧鸣泉，奏出一首"雁山交响曲"，像竖琴，像锦瑟，诗中有画，有音乐，有活力，点出了雁山第一奇景，把万壑争流写活了。"飞瀑"二字，略显倾斜，而颇有韵致；"雁山"二字间距较大，显得高耸入云。读者赏景、看字、吟诗、读画，该是多么丰富的艺术享受啊！难怪他对此境界，一画再画，一写再写。[2]

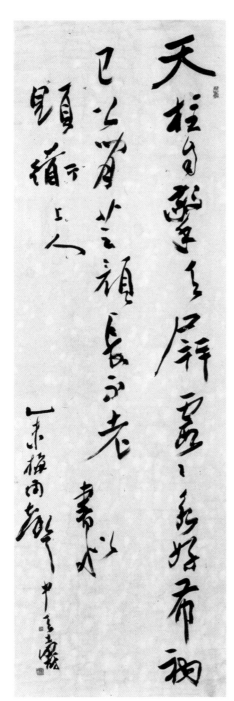

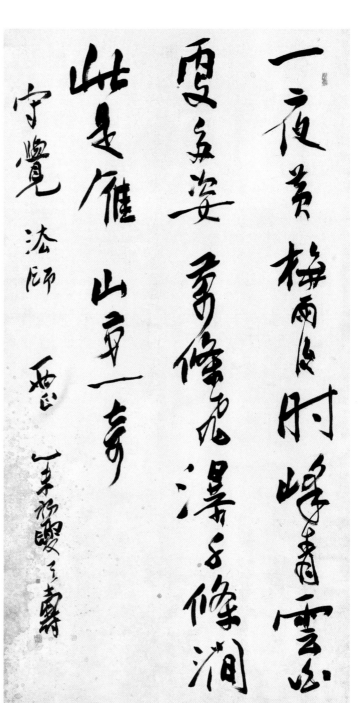

潘天寿《为显道上人作行书诗》，1955 年
温州博物馆藏

潘天寿《灵岩寺晓晴口占》，1955 年
私人藏

戴氏所言非虚。潘天寿的《梅雨初晴》，很有可能即完成于小住灵岩寺时期，"写梅雨晓晴时情致"。6 月 21 日，勾有"小龙湫下雨后涧瀑"铅笔稿，题"雁宕以水石为奇，当梅雨后钩此为画稿"的一帧《小龙湫下一角》，及 1963 年所作另一幅《小龙湫下一角》，盖皆本于此稿。而与潘韵合作的《龙湫飞瀑图》，款署有"灵峰寺补壁"，应是绘制于小住灵峰寺期间，右下近景为潘天寿所画，潘韵则绘远景。画上隶书所题亦是潘先生所作，曰"绝壁朝朝飞白龙，时云时雨青濛濛。与霞光彩斗长虹，何年直上太空去。不作波涛不岩住，润万物兮百谷树"。潘天寿自己个人所作另有藏于中国美术学院中国画系的《观瀑图》，图式近于前，上隶书题《灵岩寺晓晴口占》全诗，虽无年款，但作画时间恐也与前幅相近。

"五五年盛暑"时所作的《灵岩涧一角》，当为归杭后所绘，与《梅雨初晴》等参加了 1956 年 7 月在北京中国美术家协会展览馆举办的第二届全国国画展览会。《灵岩涧一角》曾刊于《美术》杂志的 1956 年第 6 期上。以"雁宕山水石为奇"作画名的《小龙湫下一角》则曾刊于 1960 年第 2 期《人民画报》。1957 年新春所作曾发表于同年 2 月 5 日《浙江日报》头版的《记写雁荡山花》，亦导源于此次雁荡之旅。此外，从 1958 年 4 月的《浙江日报》中，可见其一幅《漫天花放满堂红》；1958 年

潘天寿《观瀑图》
中国美术学院中国画系藏

5 月《杭州日报》上有《万卉争荣》，绘苦牛膝、箬竹等；均是从雁荡勾画的山花野草得来。1959 年 3 月，上海人民美术出版社出版的《现代中国画选集》中，也见一幅《记写雁荡山花》，题"记写雁荡山花。一九五八年大颐寿者画"。

　　当然，潘天寿的雁荡之行并非仅限于此，留存下来的纪游杂诗也有很多。这正合了先生自己《访显道上人于灵岩古寺》中写道的：

　　　　名山春更丽，四壁满岩花。

　　　　应有重来约，听师讲二华。

　　1960 年，潘天寿等人曾再赴雁荡山，各处多有所及，却都着墨不多，未得其详。《吴茀之作品集》里所附的"吴茀之年谱"，有"浙江省政府组织潘天寿、吴茀之、顾坤伯、余任天同游雁荡山、天台山、舟山、绍兴等地，回杭后，与潘天寿、顾坤伯三人合作巨幅《牧羊图》"的记述。潘天寿自己则有"庚子三月重游天台宿华顶寺寻桃源洞未至"二首，可算是一个佐证。前述戴盟的文章也言及其有 1960 年的雁荡之行。另外，柳村的《喜庆国画艺术的丰收》一文，报道了杭州市文联主办的于 1960 年 4 月 1 日起开幕的第一届国画展，言及余任天时，说他"这次展出了许多新作，这是他在今年二上雁荡山的收获"。应是这次雁荡之行的另一个旁证。

　　此趟雁荡山之行居留的时间恐怕不会太长，因为同是柳村的文章，说到潘天寿"这次赴京出席全国二届二次人代大会前一天，特为展览会创作的'映日'，更显得浑厚而清新"。可见此次行程至迟在三月底前已完结，即便从月初出发算起，几个地方分摊一下，在雁荡的时间最长恐怕也不会超过一周。最大的可能是走马观花待个两三天，因此同行的人也都没有多少一手文献留存。只是值得注意的是，这次雁荡之行，潘天寿的身份已经是浙江美术学院院长，远非上次仅仅是一位普通的老画家可比。巨障《小龙湫一截》作于 1960 年初春，《百花齐放图轴》作于此年岁暮，归

潘天寿《梅雨初晴图》，1955 年

中国美术馆藏

因于有此次雁荡之行恐更合理。

1961年暑期，潘天寿和吴茀之、诸乐三、高培明、朱颖人、叶尚青等人又赴雁荡。不过，王靖宪、李蒂的《潘天寿书画集》所附年表，及纯然、黄专的《潘天寿艺术活动年谱》中，均未提及此次疗休养之行。其实，能见到吴茀之有此年八月的雁荡勾画稿。朱颖人的文字中也明确提及了这一年的雁荡之旅，并有一些留存照片为证。此外，《浙江日报》上沈礼煌的报道文章中亦有"潘天寿院长等中国画老先生和别的教师，先后分批畅游雁荡山的二龙一灵（即大小龙湫和灵峰），欣赏了观音峰上的烟云、合掌峰下的灿丽夜色和显胜门的奇景"。[3] 在1962年3月的《浙江日报》上，则发表了潘天寿的"雁荡诗画"。诗分别是《访显道上人于灵岩古寺》《大龙湫》《雁湖》《灵岩寺晓晴口占》《龙湫轩题壁》《天柱峰》《展旗峰晚眺》，[4] 应该都是1955年所作旧诗。所配的画则是1961年所绘的《雁荡写生图卷》，

虽然画上题的还是《灵岩寺晓晴口占》，但"菊花（开）候写雁山所见"，指的应该是第三次雁荡之行了。还见有一幅"辛丑杏花开候"时所绘《石梁飞瀑》，所题亦是该诗。

但上述王、李与纯、黄所撰年谱中，则均简要提及了潘天寿1962年有雁荡之行。尤其后者大致援引自潘公凯《潘天寿评传》，说"是年，与吴茀之重上了黄山，上莲花、登天都，重访宁波、雁荡山等地。兴致勃勃"。不过查考《潘天寿评传》，上面只有"这一年，他还与吴茀之一起重上了黄山，上莲花，登天都，兴致勃勃"；年谱里或许是和1961年那次搞混了。想要落实此年的雁荡行程，至少也还需要两个不同出处的原始文献来佐证。从现有材料看，这一趟雁荡之行应该是子虚乌有，叶尚青的文章里应该也是把1961年夏误记为是1962年了。前述报纸上"雁荡诗画"发表一事，恐怕也是1961年那次"避暑瓯江"的一个后续成果。

潘天寿《雁荡写生图》，1961年

　　值得一提的是，报上发表的诗，有些字句与后来《潘天寿诗存》所录有所不同。比如《访显道上人于灵岩古寺》，报上四首合成为一首；且五至八句为"已识寺门近，声闻寺里钟。云归新雨后，一树石榴红"，与《其二》"未见禅林近，先闻云里钟。夕阳新雨后，一树石榴红"几为两首诗。潘先生书有长长短短为数不少的《雁荡纪游杂诗》赠人，计有高培明、寿崇德、夏承焘、王朝闻等。所录该首均与报上所载同，不知何故而改为如今的模样。

　　《夏承焘日记全编》中1959年7月4日条下，便记有"晓沧翁送来潘天寿书赠《雁宕纪游》诗一横幅，恨不得其画幅耳"。[5]所记应该便是拍卖会上出现过的一幅潘天寿《雁荡纪游杂诗》，有"瘿禅先生两正"上款，行书极精妙，盖书于1959年6月末至7月初间。此幅恐是夏承焘"文化大革命"中被批斗时让人抄没去的，如今存世亦属不幸中之万幸！而7月5日条下夏承焘还有记"发潘天寿函，谢其赠字幅"，遗憾的是潘天寿也历经几次批斗抄家以后，这样的珍贵函札恐已无处觅踪影了。

　　除了1962年，潘天寿1963年也不可能还再有一趟雁荡之行，但他在这两年确实画了不少雁荡题材的杰作，比如《记写雁荡山花》《雁荡山花》，及前述的《小龙湫下一角》等。

1 张岳健编著：《吴茀之》，武汉：湖北美术出版社，2005年，第36页。
《潘天寿全集》（第五卷），杭州：浙江人民美术出版社，2014年，第297页。
宋忠元主编：《艺术摇篮·浙江美术学院六十年》，杭州：浙江美术学院出版社，1988年，第270页。
2 戴盟：《雁山长忆大颐诗——漫评潘天寿〈雁荡纪游杂诗〉及其他》，《浙江诗词》创刊号，1989年。
3 沈礼煌：《游山水 画山水——浙江美术学院教师游览、写生活动》，《浙江日报》，1961年9月29日，第3版。
4《浙江日报》，1962年3月18日，第4版。
5 吴蓓主编：《夏承焘日记全编》（第九册），杭州：浙江古籍出版社，2021年，第5652页。

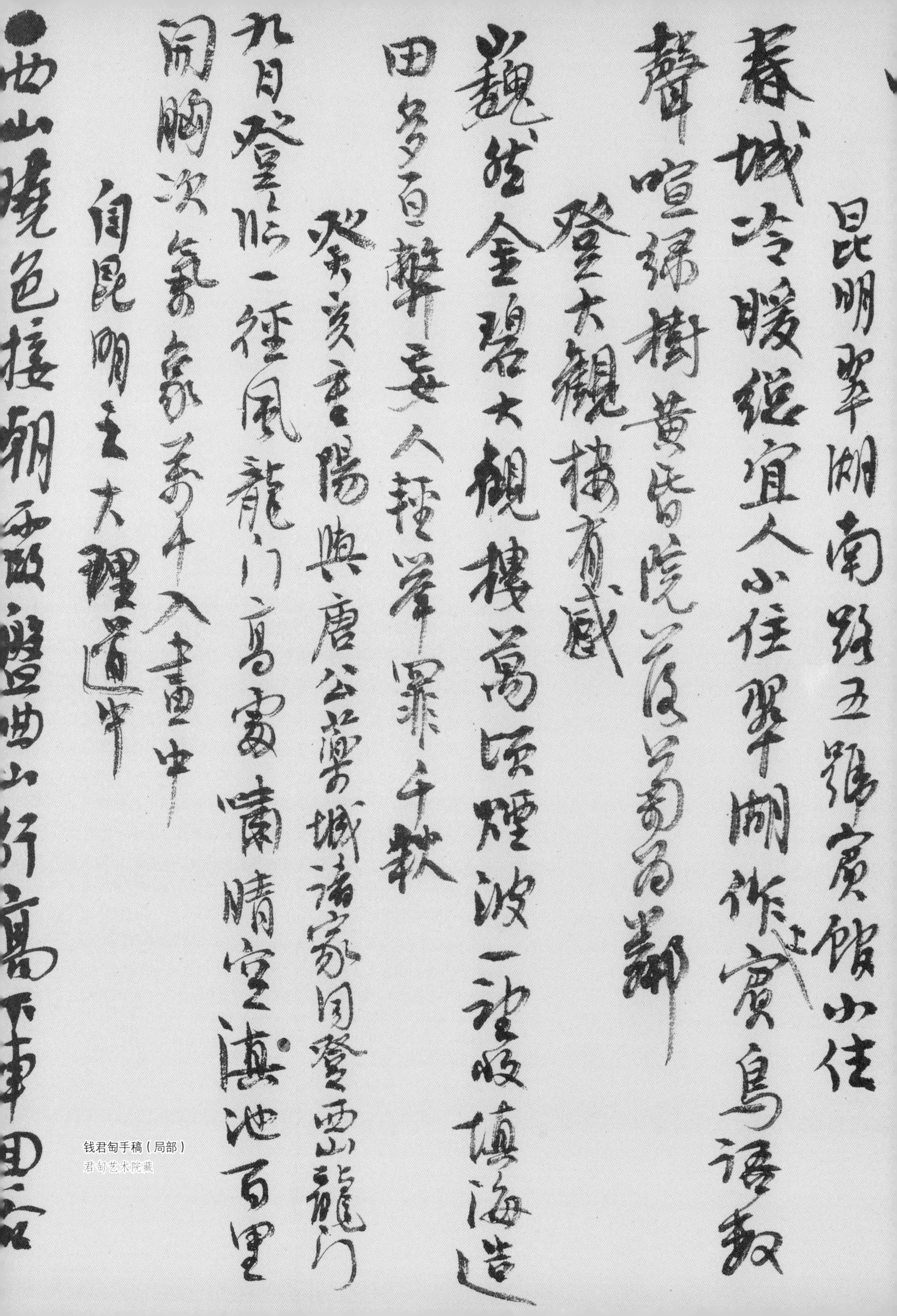

昆明翠湖南路五號賓館小住

春城冷暖總宜人小住翠湖作賓鳥語
聲喧綠樹黃昏院落與南為鄰

登大觀樓有感

巍然金碧大觀樓高瞰煙波一望填海造
田多互聲妄人輕峰梁千秋

癸亥重陽與唐公諸家同登西山龍門
同胞次氣象寓家寄寓入畫中

九日登臨一徑風龍門高寒曇晴空滇池百里

自昆明至大理道中

西山曉色接朝霞曉照曲山行高下車田

钱君匋手稿（局部）
君匋艺术院藏

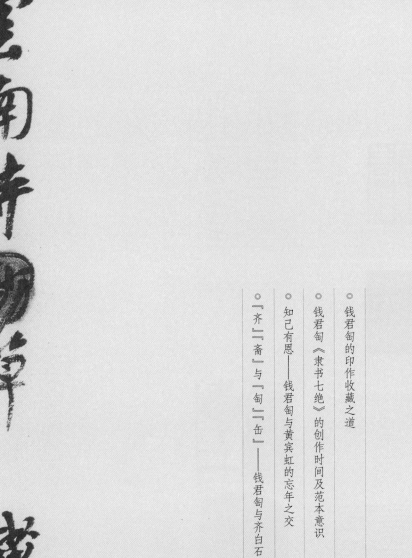

云南诗册 钱君匋

一九八三年有月十二日之昆明飞机晚点

晓云董萝赵机场一再延飞盼夜航

陈巨来　大风堂珍藏印

拾遗

王福庵　青鞋布袜从此始

钱君匋的印作收藏之道

陈振濂

钱君匋先生是一位一流的篆刻创作实践家，亦以收藏印作宏富擅名。他之钟情所在，乃以赵之谦、吴昌硕、黄牧甫为最。钱君匋遇到此三家印作必收，逐渐形成了规模可观的收藏。

来楚生　爱上层楼

王福庵　但愿人长久千里共婵娟

钱君匋 静乐簃　　　　　　钱君匋刻印留影

以"西学东渐"背景和新的设计艺术观，嫁接到篆刻艺术实践和创作；以"钱封面"为底子却攀登成为当代篆刻大家；从师徒授受式匠人思维以重复定于"正脉"，到转益多师、兴趣广泛形式多样的"一印一面貌"；嗜藏赵之谦、吴昌硕、黄牧甫三人的印作，并成为一组序列，钱君匋先生的印学之路和收藏之道，对今天的篆刻学发展是一笔巨大的财富。

博采众长的印学之路

钱君匋先生以篆刻名世，亦以收藏印作宏富擅名。

他的篆刻收藏，可谓价值连城，且有明确的宗旨。前辈书画家多收宋元字画，若得一珍品佳构，足为艺林艳羡。但古玺印收藏则多为金石学家。若身不在中原，无地利之便，

也看不到秦玉汉铜，在沪、苏、杭、皖一带能成为有主题的收藏大家，更是凤毛麟角。但是明清流派篆刻大家多聚集江南，例如吴门地区的文、何，浙江的丁、蒋，皖徽的邓、吴，沪上的赵撝叔、徐三庚、钱松、赵之琛、胡匊邻，直到吴昌硕、黄士陵。

钱君匋先生是一位一流的篆刻创作实践家。他之钟情所在，乃以赵之谦、吴昌硕、黄牧甫为最，遇到此三家印作必收，逐渐形成了规模可观的收藏。

赵、吴、黄三家的印风，对钱老而言是一个篆刻艺术创作上的新典范、新世界。因为他自己的篆刻，并不专门走古玺汉印之路，而主要是从赵之谦入手，兼取缶翁、牧甫。他与尚古玺的沙孟海不同；与尚白文和铁线篆的王福庵不同；与专攻圆朱文的陈巨来不同；与专注冲切刀法的来楚生也不同。他并不自甘于锁定一家法，而是兼容并取，印风

多变，不定于一尊。较之上举各家的开宗立派守于一种稳定的风格，他似乎更喜欢不固定自己，海纳百川，触手成妙。检验其间的微妙差别，似乎不是风格技法层面，而是思想观念和方法论层面上的。

导致钱老有这样的趣味，我认为是与他又是设计家（现代图书封面装帧界先驱）的人生经历有关。过去学篆刻，都是传统的师徒授受方式，以承老师衣钵为荣。老师有名，开宗立派，印风固定，于是，门生的眼界只在这稳定不变的师门印风中讨生活，眼不旁观，不断重复以求得其精髓。但艺术设计界的价值观，则视"重复"为大敌，一个形式用过后，决不会再重复第二次，否则定会被指责懒惰和缺乏才气。钱老年轻时有"钱封面"之雅誉，在篆刻实践上当然也习惯于不喜重复，有设计背景的钱老，义无反顾地去追求"一印一面貌"。

早期中国设计受日本影响，尤其是平面构成，完全离不开图案作为核心元素的支撑。弘一法师曾经有名言，指自家目光如炬，看篆刻印面却作图案看。钱老与弘一法师弟子丰子恺有交往，我想以他的设计职业，又以他与弘一法师丰富的交集，在浸淫印章篆刻传统、矢志不渝地磨炼中，他在篆刻风格和技法上，刻意求新而不愿意重复，应该也是如弘一法师"当图案看"一样的体悟。

以"西学东渐"背景和新的设计艺术观，嫁接到篆刻艺术实践和创作；以"钱封面"为底子却攀登成为当代篆刻大家；从师徒授受式匠人思维以重复定于"正脉"，到转益多师、兴趣广泛形式多样的"一印一面貌"；这

样的钱君匋的确是独一无二的。在习惯于以稳定的风格程度来衡量人的时代，钱君匋在当代印坛上肯定也是孤独寂寞的——孰优孰劣自然不必过早定论，但站在当代史立场上，我们至少应该尊重这一类型的特殊价值。

收藏之道：合汇三家

收藏赵之谦、吴昌硕、黄牧甫三人并成为一组序列，似乎对我们有着某种特别的暗示。

当然，这肯定不是钱君匋先生的原始初衷。因为在他的收藏中，像齐白石，像清代的华喦，像浙派，也都有几十件一个组群的集藏。民国时期许多名家杰作流向市场，他都有收藏。但为什么钱老篆刻收藏中，我们最关注的，却是这三家呢？

检诸近代篆刻创作风格史，除了专攻古玺汉印、封泥的一翼之外，篆刻家们心摹手追的，正是这三家典型。

赵之谦（𢫬叔）是顶峰。倘作溯源竟流地前后推衍，邓石如、吴让之、徐三庚都是这一路以《说文》小篆入印的"新体"——相对于"印中求印""印宗秦汉"的浙派而言，这一序列从邓石如开始，主张"印从书出""以书入印"；主张学印先须通篆正字，以异于"出入秦汉""印中求印"的清乾嘉时代的既有模式。直到今天，学印者若篆书写不好则印必刻不好，还是一个很有共识的观点。因此，从邓石如的嘉道时代到赵之谦、吴让之的咸同时代，论艺术高度，赵之谦位居至尊。甚至王福庵、韩登安一派细朱文、铁线篆，也

榛造僞一區　同治三年上　弟子趙之謙
頭苦厄悉除　元甲子正月　爲二妻范敬
往生淨土者　十有六日佛　玉及三女蕙

赵之谦　餐经养年

吴昌硕　人生只合驻湖州

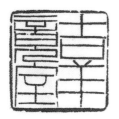

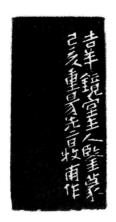

黄牧甫　吉祥镜室

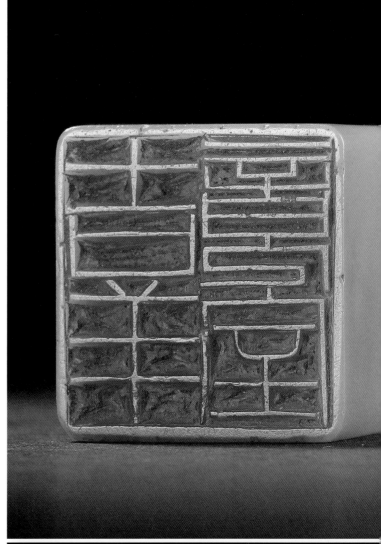

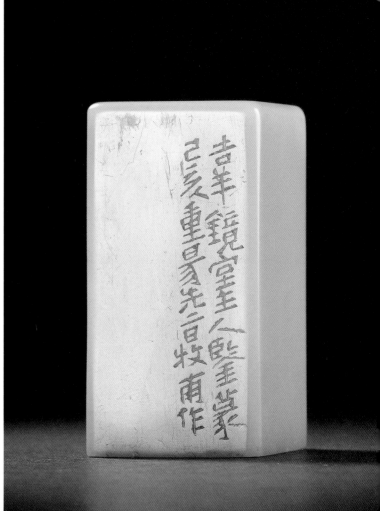

赵之谦　鉴古堂　　　　　　　　　　　　　　　吴昌硕　能事不受相促迫

与其脉息相通，互为表里。

吴昌硕（缶庐）是光绪之时的印坛领袖，海派巨擘。他从石鼓文出发，形成"金石书画"之派而据以号令天下。清末民国的"海派"，其实本质上就是"金石画派"。吴昌硕的主张，不仅仅是笼统的"以书入画"，更是以金文大篆为体式，以铸金凿石为气质、风骨和精神表现。这使他在近代史上可以统括"诗书画印"而成为艺林班首，更使他成为西泠印社之长，处于篆刻界的话语中心地位。此外，他另辟蹊径的这种审美，雨露滋润，间接影响了齐白石、来楚生、沙孟海、王个簃、诸乐三等一众名家。作为今天我们篆刻界后辈学子翘首仰望的一代宗主，他仍然具有足够的威慑力和覆盖力。

黄士陵（牧甫）则是一个另类。本来他在篆刻界并没有叱咤风云的影响力，活动空间主要在广东，后去了北京，渐为人知。他的印风是取法三代金文（赵之谦是秦篆，吴昌硕是石鼓），这或是我们看到的表面现象，当然在分类上也大致不错。但黄牧甫的"金文"并不是《大盂鼎》《毛公鼎》《散氏盘》之类的典型金文，而是取法镜铭、戈兵上的简易省略文字，横平竖直，排布匀称，极有装饰性，印面分布很像图案，初学者极易入门。当然，黄牧甫当时已经有如乔大壮、简经纶等作为同道者在印学审美上呼应，但他的受重视并成为三家之一，却不是在清末民国初年，而是在1949年后直至当下。今天许多青年印人学印皆从黄牧甫出，即明证。

赵之谦之功在纵向的篆法之源远流长，

黄牧甫　人生识字忧患始

吴昌硕之功在横向的诗书画印和"金石气"；对比之下，黄牧甫最晚，或更符合当下的大众审美。

因此，钱老的收藏此三家印作的宏富，必将利在当代、功在后世。

方三字即册名十三頁惟山水已逸其三摅云此為前所經營之市僧
無利可圖而憤然割匿者此僧利欲熏心竟置巨製之完整于不顧
其惡雖誅然六難以藏也所逸三頁我友朱詠葵先曾見諸嚴氏羅此
趙覓尋蹤迹已杳不知異日能重獲而使成完璧乎綜觀新羅此
作通體構思精到布置謹嚴筆墨雅逸賦色清麗極盡通豪

钱君匋跋《墨笔山水》（局部）

拾 遗

钱君匋《隶书七绝》的
创作时间及范本意识

沈惠强

钱君匋的《隶书七绝》是他难得一见的早年之作，正文七言绝句，结体端庄朴茂、平和舒展，一派汉隶气息，但尚无汉简笔意。落款以魏碑体书之，写得峻朗舒展，稍参行书笔意，错落有致，奇逸多姿。钱君匋借鉴清代万经的字法、章法进行创作，化难为易，可见其早年的范本意识。

钱君匋以雍容大度、放逸纵恣、爽直痛快的简体隶书名世，成就了书学史上别开生面的一座高峰。任何一种风格，不可能一蹴而就，需要长期的积累、删减，方能有最后的蝶变。

纵观钱君匋的书学之路，如果硬要划个界线，那么 20 世纪 70 年代末、80 年代初是一个分水岭。之前的书作面貌大都是草书和以《华山庙碑》《礼器碑》为底的汉碑隶书，之后便常常以简体隶书出之。

《隶书七绝》考

君匋艺术院藏钱君匋书法 80 余件，除少量册页题跋，其余几乎全是晚年的成熟风格，即 1980 年之后的作品。艺术院因编纂《钱君匋全集·书法卷》的需要，向社会征集钱君匋作品，特别是早期作品。惜早期作品大都散佚民间，由于时间久远，或许大都已损毁，能觅得一件，殊为难得。

去年 8 月，钱君匋弟子陈辉提供了一件隶书轴图片，看惯了钱君匋晚年作品，如果不看落款署名，绝不会想到是出自钱君匋先生之手。

正文：望水寻山二里余，竹林斜到地仙居。秋光何处堪消日，元晏先生满架书。

款识：伯嘉先生法正，豫堂钱君匋。

钤印：钱（朱）、君匋印信（白）、意与古会（白）

钱君匋《隶书七绝》

正文七言绝句，用笔藏头护尾、一丝不苟，结体端庄朴茂、平和舒展，一派汉隶气息。但尚无汉简笔意呈现，应该说在书写此作前君匋先生并没有对汉简有过研习。

钱君匋在《我和书法的因缘》一文中写道："我常读《礼器碑》。此碑写得瘦硬雄浑，气度恢弘；也爱《华山庙碑》。我常常临写这两种碑文，得到的启迪很多。子恺师说过，读碑帖宜多，以广见闻，临碑帖应侧重一家，以免弄得风格杂沓，非驴非马。这话很有见地……"由此可知，钱君匋早年对汉隶下过很深的功夫。

落款以魏碑体书之，写得峻朗舒展，稍参行书笔意，变浑厚为灵动，错落有致，奇逸多姿。

清代碑学兴起，尤其是受李叔同的影响，钱君匋早在1923年就读上海艺术师范专科学校时，就已经开始临习北碑。钱君匋在《我和书法的因缘》一文中有这样的记叙："由于丰子恺老师的提倡，学校对书法很重视。第一学期接触到弘一法师（李叔同）的书法……星期天，我到福州路踯躅，这里两旁有很多书店。按照老师讲的方法，我边看边问，很快就买到了《龙门二十品》，携回宿舍，真有些喜出望外，马上灯前细看，的确很有趣味。我选了《始平公》作为范本，天天临写……当时流行的这种字体，原来也不尽方笔，由于工匠求速度，刻字时用凿直入，把原来的圆笔都刻成了方。写了一时期，我体会到刀的趣味不是用笔可以求得的，逐渐对篆刻产生了兴趣。"钱君匋18岁时就开始临习北碑，甚至早于篆刻。

钱君匋《荷花图》，1947年

2019 年，笔者在策划"艺兼众美——钱君匋的艺术人生"展陈时，征得一张钱君匋《荷画图》图片，其画款识为："丁亥四月，豫堂钱君匋写。"与隶书轴款识对照，无论是款识遣词习惯，还是用笔、结体，如出一辙，两者当为同一或相近时期创作的。画作上的年款"丁亥"，是 1947 年。

钱君匋受家乡书画家孙曾禄、徐菊庵两位老师的影响，开始刻印。1924 年，入上海艺术师范专科学校的第二年，17 岁的钱君匋带着初学的篆刻，随吕凤子前往上海吉庆里拜访吴昌硕，并得到了吴昌硕的肯定和鼓励。一面之缘，终身受益。直至晚年，老人对当年的情景仍记忆犹新。

"我的刻印由学习吴昌硕入手，又改学赵之谦，再上溯秦汉玺印兼及黄士陵，拓宽了眼界，表现手法日趋丰富，遂面目纷呈，穷其变化。"钱君匋曾在《我和篆刻结了不解之缘》一文中有这样的自我回顾。

隶书轴钤盖的"钱""君匋印信""意与古会"三印。在集汉印、赵之谦、黄士陵的基础上，熔铸己意，爽利劲挺，神完气足，已初具个人风貌。此三印曾在民国万叶楼影印本《钱君匋印存》出版，边款释文分别是"壬午六月，自刻两面印于上海""曾见黄牧甫刻此四字，雪窗无事，戏拟之。壬午十二月廿九，钱君匋记于海月庵。"印章上的年款"壬午"，是 1942 年。

隶书轴上款"伯嘉先生法正"，"伯嘉"即李伯嘉，字泽彰，北京大学经济系毕业，早年曾从事于马克思主义著作的译介工作。此后进入商务印书馆，1921 年，出任王云五改组后的编译所法制经济部部长，同时兼任事务部下设图画股主任。1932 年，在商务印书馆遭遇"一·二八"事变之后，率领精干队伍赴香港筹划出版一套《新学制复兴教科书》，以应对全国开学和缓解财政困难，后任香港分馆经理。1941 年 7 月，李伯嘉出任商务代经理。同年，设立于 1937 年长沙的商务印书馆总办事处迁至重庆。1943 年，李伯嘉以代经理身份与协理史久芸主持商务驻渝办事处。1945 年抗战胜利后，赴上海出任商务驻沪办事处经理。1946 年 4 月 28 日，王云五从重庆回到上海，设立总处机构，李伯嘉任经理，兼供应部长。1949 年，李伯嘉随商务印书馆的一部分迁至台湾地区。钱君匋与李伯嘉皆从事出版业，相识是肯定的了。且李是钱的行业前辈，故以"先生法正"尊之。

综上几点所述，结合隶书轴钤盖印章的创作时间与上款人李伯嘉的行迹（1932 年至 1945 年在香港和重庆。1945 年至 1949 年回上海工作。1949 年随商务一部分迁至台湾后，钱、李二人再无相见的可能。）再有《隶书七绝》《荷花图》两件款识的比对，此件隶书轴创作时间可定格于 20 世纪 40 年代中后期。

《隶书七绝》的书法之源

笔者为查询钱君匋《隶书七绝》的诗题，无意中在中国书法网上发现清代万经（1659—1741）也曾书写过此七绝。万经，字授一，号九沙，浙江鄞县人。康熙四十二年（1703）进士，选庶吉士，官授编修。精经史，工隶书，著有《分隶偶存》。

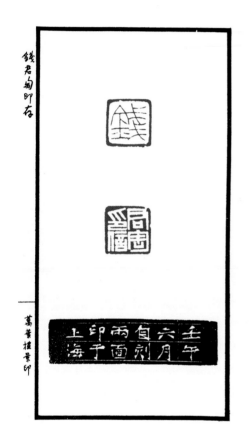

钱君匋　钱·君匋印信，1942 年

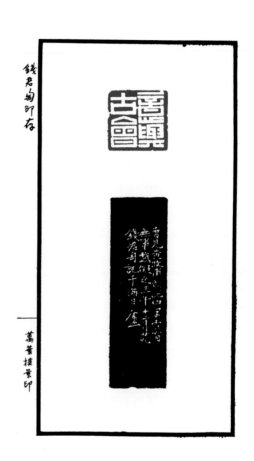

钱君匋　意与古会，1942 年

　　钱、万两件作品无论是字法还是章法，几乎一致。由此可推断，当年钱君匋是以万氏为范本的。练过书法的人都知道，隶书笔法相对单一，难在字法。钱君匋以已有的汉隶笔法，借鉴万氏的字法、章法进行创作，可谓化难为易。不得不说 40 岁左右的钱君匋在创作上的过人之处。

　　其实在书画印创作上，以某某为范本自古有之，而且有些成了不朽的名作。在书法上，最有名的当数冯承素摹《兰亭序》、虞世南临《兰亭序》、欧阳询临《兰亭序》、褚遂良摹《兰亭序》等。至晚清民国，以各类碑帖为范本进行创作更是比比皆是，真草隶篆都有涉及，条屏、册页、扇面等各种形制一应俱全。在绘画上，也大都有范本，老一辈画家一般都会在款识上点明出处，题上"摹某某本""仿某某法""拟某某意"等字样。今年香港苏富比春拍，张大千仿王希孟《千里江山图》以3.7亿港元成交，刷新了张氏拍卖最高价纪录，追捧程度可见一斑。在篆刻上，仿秦汉玺印、各流派印不一而足。钱君匋《午斋钱唐之玺》拟古玺《日庚都萃车马》意、黄士陵仿赵之谦《福德长寿》、陈巨来仿赵之谦《小脉望馆》《沈》、钱君匋《海宁钱氏》师赵之谦《钜鹿魏氏》意等等。在后人眼里，并没有因为是仿作而降低了其艺术价值和地位，恰恰相反，这些作品大都成了该作者的典范之作，为研究者所津津乐道。

书画印创作皆有法、有本，脱离了这一点，也便失去了源头。艺术创作需要漫长的周期，且磨砺人的意志。当你积累到一定的程度，却又陷入迷茫时，不妨学学当年的钱君匋先生，找个"本"，或许能提振信心，达到一个新境界。

1 钱君匋：《钱君匋艺术论》，北京：线装书局，1999年。

2 汪佳蕾、徐旭峰：《钱君匋年表》，《上海书画》，2016年6月，第38期。

3 苏晓珍：《〈出版周刊〉研究》，河南大学新闻学硕士电子期刊，2016年，第7期。

4 中国书法网：《清代万经隶书作品欣赏》，中国书法网微信公众平台，2020年3月13日发布。

5 钱君匋、叶潞渊：《铢印源流》，北京：北京出版社，1998年。

6 钱君匋：《钱君匋印存》，上海：上海书店，1990年。

万经 《隶书七绝》

拾遗

知己有恩——钱君匋与黄宾虹的忘年之交

高逸仙

1935 年，钱君匋接任黄宾虹承担神州国光社的编辑工作，两人的忘年交友谊或从此开始。钱君匋续纂《美术丛书》第四集，了却了黄宾虹心中牵挂，他甚是高兴，将钱君匋引为知己。钱君匋与黄宾虹之间的故事浓缩在了他们的画里、书里、印章里。

　　黄宾虹年长钱君匋四十余岁，其声望又远在钱君匋之上，钱君匋向来视黄宾虹为师，言必"长者""宾老"，然见黄宾虹写给钱君匋的信札、印集序言以及赠件上款，皆以平辈视之，黄宾虹每每由潘天寿陪同到上海，也都会走访钱君匋。对此，笔者颇为不解。后来读到钱君匋接任黄宾虹神州国光社编辑工作这段往事后，若有所悟，两人的忘年交友谊或从此开始。

　　1907 年，黄宾虹逃亡上海，1909 年任职神州国光社。其间，计划编纂《美术丛书》四集，黄宾虹不但于国画理论研究无人可比，且创作实践也在众家之上，其在辑集古典画论上尤其不遗余力。他在神州国光社任职时的主要精力，便倾注在这四卷《美术丛书》的收集和编辑上，全力推动

黄宾虹《水仙梅花横幅》，1948 年
君匋艺术院藏

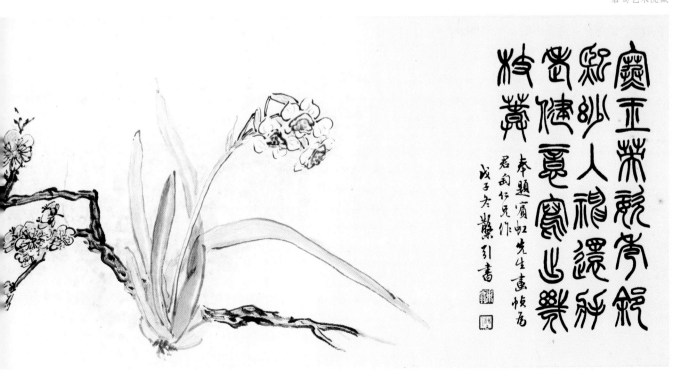

钱君匋为黄宾虹刻印　宾虹八十后作

中国美术事业的发展。他协助邓秋枚所辑的《神州国光集》和由他本人主持的这套《美术丛书》，被视为对艺林的两大贡献，有口皆碑。出至三集后，他因故要离开该社，又担心此事业无合适继任人选而中断，一直忧心忡忡。1935 年，钱君匋应聘出任神州国光社总编，遂续纂第四集出版，至是始成全璧，了却了黄宾虹心中牵挂，他甚是高兴，将钱君匋引为知己，而后，只要到上海，第一个要造访的必是钱君匋。

至此，艺坛开始留下这对忘年交挚友几多佳作佳话，让吾辈品读学习。

1954 年，91 岁的黄宾虹为《钱君匋印存》作序言：

周秦古籀、汉魏缪篆、玺印文字、分朱布白、疏密参差、离合有伦……君匋先生取

法乎古，锲而弗舍，力争美善，克循先民，矩矱而光大之，洵可知己，余乐而为之志。[1]

黄宾虹髫年即喜治印，功力深厚，然因为所作量少，为画名所掩。有论印杂著二十万言，散见当时报刊，如《匋玺合谱》《篆刻新论》等，见序言中史地诸学，博古通今，妙语连珠，不虚也，对钱君匋的篆刻艺术，更是肯定有加，认为其篆刻取古而创新，两人见解相同，并把他视为知己。

三十年后的 1983 年，钱君匋为《宾虹印谈》作序云：

曾笑谓予曰："治印刀法犹书画笔法，聚全身之力于臂，腕活指定，大食中指并重。冲刀宜中锋直前，要留得住，新手可以无名指按印角，防刀行过度，流于浮滑；切刀则悬刃直下，要杀得清。其他刀法，名目繁多，乱人耳目，运用冲切二法既久，无法而百法生，巧易而拙原难。精读史书，观摩名作，日习篆书，书中求印，胆识过人，自不会蹈袭旧作。弟其勉之哉！"良言在耳，匆匆三十年，艺海浮沉，深负长者期许，愧作之余，百感交集，涕泗纵横，不知何以报先生也。[2]

钱君匋亲聆大师对印艺的理解：一是临场操作时，要掌握运用好"冲切二法"，久则"无法而百法生"。一是常时素修中，要"日习篆书""书中求印"，自然"胆识过人"。深入浅出，要言不烦，尤如"聚全身之力于臂，腕活指定"。"冲刀宜中锋直前，要当得住""切刀则悬刃直下，要杀得清"。真是进退有节，声挟风雷。

黄宾虹《水仙梅花横幅》（局部），1948 年

君匋艺术院藏

　　此序言让人如见宾老全神贯注，奋力搏艺的形象，同时感受其忠于艺术，坦诚传授的可贵精神。读之如闻謦欬，令人肃然起敬。黄宾虹身上有着旧式文人的君子古风，钱君匋用这种特殊的方式传承着君子古风。

　　下面再来读读黄宾虹花卉《水仙梅花横幅》里的故事。

　　君匋艺术院库藏有四件黄宾虹作品，《水仙梅花横幅》为其中之一，横幅，写意水仙、梅花各一枝，略施淡彩，清逸有致。画面除了黄宾虹自己的款识外，另有邓散木、白蕉、

钱君匋三人题跋。从落款可知，此画作于1948 年，时黄宾虹已 85 岁高龄。是年，黄宾虹应杭州西湖艺专聘请，于 7 月离开北平南归，先到达上海，在上海停留近两月，"在沪与旧友叙会，诗酒书画，宴无虚日"。[3] 于 9 月中旬离沪至杭州。是画即作于宾老留沪期间。见钱君匋题跋："与宾老别十七年矣，期间兵火惨烈，亘古未有。余应死者再幸皆得免。戊子夏，叔范招饮，同坐有宾老，遂得重见，后数日，承贻是作，乃乞同座之能书者，如老铁、复翁辈题之，以志一时之盛也。戊子

1948 年 8 月黄宾虹与上海友人合影

十二月望，钱君匋记于丛翠堂。"

钱君匋款中所提的此次聚会时间为"戊子夏"（即 1948 年），参加者："叔范招饮，同坐有宾老……老铁、复翁等"。《黄宾虹年谱》1948 年条例中记录有："8 月 19 日，白蕉、邓散木等约饮友声旅行团。"并详细记录了邀请黄宾虹的请柬由白蕉、邓散木、余空我、施叔范等谨定。时间、地点、人物均吻合。后又在年谱第 506 页，见照片一帧，内有 11 人合影，前排坐 5 人，后排站者 6 位。照片下备注为："1948 年 8 月黄宾虹与上海友人合影（前排左起）钱君匋、邓散木、黄宾虹、江振华、白蕉……"钱君匋着长衫、戴眼镜，端坐其中，颇为儒雅。

可确定，这幅《水仙梅花横幅》，就是钱君匋参加了此次招饮聚会"后数日，承贻是作"

的。后来，还请了那天"同座之能书者，如老铁、复翁辈题之，以志一时之盛也"。老铁即邓散木（1898—1963，原名铁，学名士杰，字纯铁），复翁即白蕉（1907—1969，别署云间居士、济庐复生、复翁）是也。至此，画上跋文皆有出处。

白蕉题曰："弄影俱宜水，飘香不辨风。霓裳承舞处，长在月明中。黄宾老古稀始作花卉写生，不肯入前人窠臼。其真趣、拙趣自不可及，此幅为宾老南归居西湖前，为君匋兄作。出示属题，为录明人皇甫芳诗，时戊子深秋在海上云深处。"其书明快清新，并处处透露着晋韵唐法。与宾翁画相得益彰。

邓散木则是铁笔篆书，自作诗一首："寒玉英姿秀，徐熙妙入神。还将老健意，写出几枝春。"四人合璧，与其说是艺术创作，还不如说只是文人之间的雅玩而已。然而，往往在这不经意间，文人的性情、才情、朋友间的真情被一一记录，一览无遗。后人在欣赏作品的同时，感怀前辈风姿，这也是中国书画艺术不同于西方艺术最特别，最有趣的地方。

较于山水画、书法、金石考据等领域，黄宾虹在花鸟画创作上的精力相对较少。然其花卉画以粗枝大叶，不刻意求工的面貌面世，"宁拙毋巧、宁丑毋媚、宁支离勿轻浮、宁真率勿安排"是其写照。这一点很像他"乱头粗服"的山水画，粗看之下，似乎极平易，细按之，却理法森严，极难达到。一如这幅《水仙梅花图》，用笔沉稳而虚实有致，用墨厚重又富于节奏，用色古雅又不乏鲜嫩，随意间，老梅杆子的沧桑古拙与水仙花叶的滋润典雅均一一表现，令人叹为观止。

读书、读画、读故事，钱君匋与黄宾虹之间的故事在他们的画里、书里、印章里，在他们各自的人生维度里。那一代人留给我们的除了艺术上的丰厚遗产，还有人格上的独立精神和人与人间的脉脉温情。

1 《钱君匋印存》，上海：上海书店出版社，1990年，扉页。
2 钱君匋：《钱君匋论艺》，杭州：西泠印社出版社，1990年。
3 王中秀：《黄宾虹年谱》，上海：上海书画出版社，2005年，第497页。

黄宾虹《水仙梅花横幅》（钱君匋题跋），1948年
君匋艺术院藏

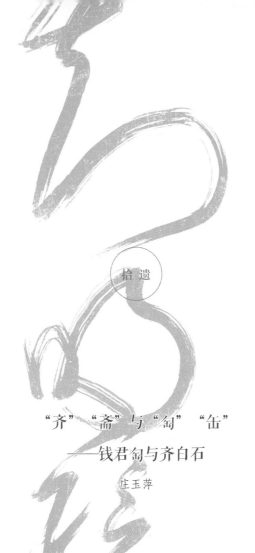

拾遗

"齐""斋"与"匋""缶"
——钱君匋与齐白石

庄玉萍

在书、画、印方面师法同源的白石老人对于钱君匋的影响是极其深远的，无怪乎钱老晚年曾说古字"齐""斋"相同，"无倦苦斋"亦可是"无倦苦齐"。此齐即齐白石，其中意味，毋庸吾辈揣测，诸君自喻。

钱君匋《草书李白秋浦歌》（局部）
君匋艺术院藏

钱君匋《花卉四屏》，1994 年

　　钱君匋不仅是集书籍装帧、音乐、诗歌、篆刻、书法、绘画于一身的艺术大师，更是一位鉴藏大家，"为学而藏"是其收藏的本旨。钱君匋一生收藏无数，仅书画作品（自明代至现当代）就不下千余件，尤藏有晚清赵之谦、吴昌硕、黄牧甫三家印章原石 400 多方，这也便有了其最负盛名的别署"无倦苦斋"。

　　钱君匋好交游，善交友。从君匋艺术院藏百余件题有"君匋"上款的作品来看，钱君匋与同时代的于右任、黄宾虹、张大千、潘天寿、陆俨少、齐白石等大师都有交集，或书信往来，或书印互赠。其中，特别值得一提的是大师齐白石。

钱君匋辑《齐白石印集》，1973 年
君匋艺术院藏

钱君匋与齐白石的艺缘

三年恋一画

1949 年，钱君匋经过北京，在琉璃厂荣宝斋画店中见到齐白石的一幅四尺整张《红莲鸣蝉》悬挂于进门处。问价为 100 元，欲以 80 元购回。店主不允，无奈而归。钱老魂牵梦萦，想着此画极大胆精致、不可多见，多日为之悒悒。第二年复去北京，见此画仍在店中，又还价 80 元欲购之，可惜店主仍不售。钱老虽对此画心折不已，却因囊中羞涩，也只能向往罢了。1951 年，第三次去北京，见画店仍将白石老人的《红莲鸣蝉》悬于门首，标价未变。钱君匋既紧张又激动："余见此画，已第三次矣，尚悬于店前未被他人购去。"于是迫不及待，按标价买下。带回上海后，重新装裱，挂在客厅，"至是，始愿已足，大快

我心"。[1]

白石老人的一幅画，让钱君匋苦恋三年后，终为其所得，这不能不说是冥冥中注定的缘分了。此后，钱君匋陆续收藏了齐白石的《花卉四屏》《残荷图轴》《扇面册页》《齐白石菊花草虫、叶恭绰行书成扇》以及"之泗金石""老寿""蒙客""刘""刘氏""公鲁""黄冈罗虔""致坡"等印章原石。1964 年，钱君匋借用洪世清、朱屺瞻家藏再加自己收藏的几十方齐白石印章拓成印蜕，编辑《齐白石印集》，学习观摩。以上藏品，现均藏于君匋艺术院。

初见赠印谱

君匋艺术院还藏有另一套《齐白石印集》，线装本两册，是由钱君匋题签并装帧设计成册。翻开页首，便有钱君匋的一段记录："癸

钱君匋　白石老人称我为君缶　1960 年

君匋艺术院藏

丑夏日，白石翁以此集见贻。乃其平时随作随留者，归后重装，题首。是册之'齐'字误作'斋'字。君匋记于沪。癸巳误癸丑，又记。"

癸巳应是钱君匋与白石老人的初次见面。时间即 1953 年夏天。当时钱君匋 47 岁，齐白石已 93 岁高龄。1950 年至 1954 年，钱君匋因万叶书店公私合营事宜常往返于京沪两地，确实有与白石老人见面的便利。据笔者考证，其间钱君匋与好友著名音乐家缪天瑞和著名作曲家吕骥交往甚密。（吕骥，湖南湘潭人，是齐白石同乡，时任中国音协主席和中央音乐学院副院长。正是缪天瑞、吕骥的鼎力相助才最终促成了万叶书店公私合营。）

钱君匋也曾多次谈到当时在上海买齐白石的画，因伪作甚多，不愿贸然下手，而是要去北京求购。而此时，身边又有与齐白石有同乡之谊的好友吕骥在，钱君匋这样善于交际的人怎能错失这样的良机？吕骥是否为两人初见的引荐人，还待进一步考证。但从《齐白石印集》题记故事来看，齐老能将自己随作随留的印蜕赠送给钱君匋，说明对钱君匋已有较深的了解才如此厚爱有加。

以君缶为字

君匋艺术院藏有"白石老人称我为君缶"的朱文方印，印跋文字记述了钱君匋与齐白石的一段佳话。摘录如下：

丙申春，乞白石老人为余题《君匋印选》。匋误作缶，请改。老人曰"匋""缶"二字通，可不改。然此二字实不相通，老人既误而不改，

因又以君缶为字。庚子冬日刻并记。

自古都有师者为学生取字号的传统，而钱君匋书刻"因又以君缶为字"意思是"于是又将君缶作为我的名字"，除了带着几分解嘲自慰的意味之外，恐怕更多的是把白石老人当作恩师来崇敬了吧!

齐白石对钱君匋的影响

堪与三百石印富翁齐大比美

钱君匋曾评述：

齐白石刻印，初从浙派及赵之谦、黄牧甫等人入手，曾礼吴昌硕为师。后至北京，风格全变，去所学诸家之印甚远，完全独立，自成一家，其技法采用冲刀，下刀便定，决不削改，朱文也是如此。[2]

明清两代的篆刻大师，无不因为在书法上成就突出，别树一帜，然后才在篆刻上有所突破的。邓石如、吴让之、赵之谦、吴昌硕、黄牧甫和近代的齐白石，都是如此。[3]

从这两段评述中可见，钱君匋对齐白石的篆刻推崇备至。钱君匋曾深入研究齐白石刻印的刀法和理论："齐白石从赵之谦的单刀直切中得到启示，又从汉代将军印和魏晋时期少数民族的多字官印的锥凿法和风格中吸取营养，不拘绳墨，随刀而成，往往不加修饰，任其欹斜剥落，自有一种奇趣。齐白石在刻印理论上不以'摹、做、削'为然，认为这是刻印的绝症，所以他的作品痛快淋漓，能

钱君匋　无倦苦斋　1963 年

君匋艺术院藏

钱君匋　湘江
君匋艺术院藏

齐白石　老寿
君匋艺术院藏

在古来不少大家之后，开辟一个新的天地。"[4]

　　钱君匋刻印中也有效仿齐老刀法的尝试，比如刻组印《长征印谱》中的"湘江"一印，完全采用单刀直入法，奔放洗练，极大胆的疏密布局，白石遗风呼之欲出。另有在边款长跋中，钱君匋亦采用单刀阴文刻法，其草书款长跋飘逸灵动、龙飞凤舞，给人以痛快淋漓之感。其中"江山如此多娇""风景这边独好"两印边跋，均作草书，各刻全词一首，颇有怀素三昧，已入化境。

　　钱君匋对有"三百石印富翁"自称的齐白石的自刻印研究也颇深，他认为：以自己作的或别人作的诗文警句入印的，最著名的要数吴昌硕和齐白石两人了。吴昌硕刻别人的句子为多，而齐白石则刻自己的句子为多。齐白石的"牵牛不饮洗耳水""接木移花手段""三千门客赵吴无"等印，都是自己的句子。至于刻纪年印，齐白石则喜欢刻数目字，如"七十三岁后镌""吾年八十矣""年八十六矣""九二翁"等等，刻了不少，大约有一二十方之多。在石材选用上，齐白石的几百方自刻印中，可以说无一佳石，都是一些极普通的青田、昌化、寿山等石材。[5]

　　钱君匋刻有"钱大""豫堂""寂照寺邻人""无倦苦斋""钱君匋年七十以后之作"等几百方自用印，确实"堪与三百石印富翁

海棠雨後餘香裊 丁丑端節九二老翁錢君匋并題

钱君匋《海棠图》，1997 年

齐白石《海棠扇》
君匋艺术院藏

齐大比美"，边款大多也是刻自己的诗文。其中"钟声送尽流光""夜潮秋月相思"两印，作于 20 世纪 50 年代初。四面阴刻隶书款文均为自撰的散文，忆及故里寂照寺钟声及盐官夜潮奇观。文美、刻佳、情浓，是继承之上的突破之作，堪称钱君匋长跋作品的代表。

可见，钱君匋对齐老的篆刻是深有研究的，大到布局技法，小到落款纪年及石印用材等都有细致研究，是极佩服其天才和魄力的。钱君匋在学习吸收了白石老人的篆刻艺术成就后，能不断开拓创新，在入印内容以及印中求印、印外求印、以书入款等方面不断探求，终成 20 世纪印坛的一座高峰。

以少见多，以少胜多

钱君匋的绘画，以写意花卉为主，以书法、篆刻入画，金石味浓郁，晚年趋于成熟。朱屺瞻老人曾评论："他的画，初出华喦，以秀胜，涉及扬州八怪，继法白阳、青藤，渐渐问津于石涛、八大，又爱近代的吴昌硕，环顾明清以来文人画中卓然成一家者，他几乎都有所亲近。"早期，钱君匋主要是以其收藏的名家书画为范本。对齐老的大写意花卉甚是钟爱，所得白石老人的画亦必是重新装裱悬于客厅，时时观赏，常常摹写。

钱君匋对齐白石的绘画研究也颇有心得，特撰文《印章和绘画》《齐白石及其〈红莲鸣蝉〉》《齐白石的〈蟋蟀扇〉》等数篇。其中不乏经典语录，如：

> 齐白石的绘画，用色作花，以墨钩叶，奔放老辣，洗练浓艳，创造了与赵之谦、吴昌硕不同的面貌，自成一派……[6]

> 齐白石的作品，以花果、草虫、翎毛为题材的……都有一种浓艳清新之气，蓬勃雄健之力。巨幅《红莲鸣蝉》，是他的精心力作之一。……莲叶的画法，落笔如飞，似挥洒，似涂抹，徐疾轻重互见，加以用墨干湿并施，淡处浑然如烟，深处黯然如漆。勾了疏疏的几根叶脉，立分俯仰向背、欣欣向荣的情态，既写实又传神……

> 以少见多，以少胜多，是一切艺术形式共同追求的境地。白石老人以惊人的天赋，敏锐的观察力，善于削去烦冗的气魄，勾出四枚豆荚，三虚一实，几片豆叶，两小团墨浑，就完成了一出"大戏"的布景任务。那些漫不经心勾勒的线条与圈圈……在率真厚朴中洋溢出的篆味，正斜搭配，叶的衬托，又是印的布局，用来已入化境，不工而工，自然高妙，不是雕饰可达到的境界。

从以上评述中，可以看出钱君匋对齐白石绘画艺术研究揣摩深度和广度。钱君匋从白石老人处效法借鉴，用色不多，大片留白，以少见多，以墨勾叶，用色作花。细看钱君匋作品，我们还是能找到些许传承的痕迹。如钱老晚年做的《海棠图》，其用色古艳而不俗，用笔、用墨大刀阔斧，削繁就简，这不正是白石老人善于以少见多，以少胜多的最好实践？不得不感叹，善学者，莫如钱君匋。

钱君匋以白石老人的绘画为范本，亦重视意境的营造。多取材于田园乡野，其写意的笔墨与色调，富有返老还童的天真，充满生命活力，既有乡村田园的诗境，又有启人哲思的雄健之美。无论作花卉藤条或农家蔬果，都时时可见其无恐而自信的生命状态。

在书、画、印方面师法同源的白石老人对于钱君匋的影响是极其深远的，无怪乎钱老晚年曾说古字"齐""斋"相同，"无倦苦斋"亦可是"无倦苦齐"。此齐即齐白石，其中意味，毋庸吾辈揣测，诸君自喻。

艺兼众"美"，为学而藏。钱君匋从其数以千计的藏品中，汲取养分，熔铸己意，海纳百川，终成一代大师。

1 摘自钱君匋撰《钱君匋年表》，钱大绪、罗之仓、施晓燕整理。上海鲁迅纪念馆编：《钱君匋纪念集》，上海：中国福利会出版社，2007年。
2 摘自《略谈齐白石刻印》。钱君匋著：《钟声送尽流光》，北京：地震出版社，2014年。
3 摘自《漫谈篆刻》。钱君匋著：《钱君匋论艺》，杭州：西泠印社出版社，1990年。
4 摘自《中国玺印演变史略》。钱君匋著：《钱君匋论艺》，杭州：西泠印社出版社，1990年。
5 摘自《篆刻家的自刻印》。钱君匋著：《钱君匋论艺》，杭州：西泠印社出版社，1990年。
6 摘自《印章和绘画》。钱君匋著：《钱君匋论艺》，杭州：西泠印社出版社，1990年。

诸乐三《翠鸟图》（局部），1962 年
私人藏

回眸

回 眸

回忆我的老师诸乐三

访谈者：徐家昌
采访人：周靖淞 周红

花鸟画家徐家昌先生为中国美术学院 1961 年花
鸟专业的本科生，又是 1978 年首届研究生，他追随
诸乐三先生学画多年，本文通过对徐家昌先生的访谈
追忆诸乐三先生的为人和艺术成就。

诸乐三《柳树图》（局部），1937 年
诸乐三艺术馆藏

《新华艺专纪念册》诸乐三先生像

吴昌硕题"耕读传家"门楣

您是怎么进入到花鸟艺术领域的？

徐：我从小就喜欢绘画，因为有些朋友的影响所以对于国画花鸟特别感兴趣。浙江一直是一个国画大省，而且当时浙江美术学院的院长是潘天寿，所以我就在1961年考到了浙江美术学院国画系花鸟专业。

您是美院61年花鸟专业的本科生，又是1978年招的首届研究生。诸乐三先生当时在学校教学吗？

徐：我们那时候国画系本科是五年制。

诸先生教书法和篆刻是在我本科的时候。我是61年进校，我们第一年是很正常的上课，诸先生给我们上篆刻课。到了四年级学大写意，学了一段时间以后，由于整个社会形势的问题我们不能画了，所以这个课也就不上了。我们毕业创作都去画人物画去了。虽说

那时候跟诸先生就有接触，不过接触的比较少。后来，我们到他家里去，接触就多一些。

我1966年毕业时，刚好是"文化大革命"。美院于1978年第一次招研究生，我就又考回到学校来了。当时，诸先生其实已经退休了，我们是另外一位老先生——陆抑非先生招的研究生。后来学校，又把诸乐三先生请出来，与陆抑非先生共同来担任指导老师。1978年他做了我们的导师以后，接触就多了起来。作为花鸟专业的学生，在课程的学习上会经历一个由工到写的过程。开始是工笔，到后来再学写意，而写意就是诸乐三等老先生来教的。

您本科的时候，诸乐三先生教您书法和篆刻，他留给您的第一印象是什么？

徐：诸先生留给我的第一印象就是他是

1935年第三届白社国画展览会，白社成员在西泠印社合影（右三为诸乐三）

一个很朴实的人，感觉不像一个专家、教授，不像一个大知识分子，就是一个很普通的老人。衣着方面也都很朴素，跟人谈话都很自然、很亲切，很有长者的风度。老先生在生活上很低调，对生活上的要求也很少。他喜欢唱京戏，有很多京剧界的朋友，又收了很多唱京剧的学生。

亲切、朴实是诸乐三先生留给人们的第一印象，那诸先生在教学中常常采用什么方法呢？

徐：诸先生的授课方式就像他的为人一般朴实。

他教学十分认真又很亲切，他在篆刻课上还给我刻了一个姓名章。在教学方法上，他重视做示范，往往是一边画一边给我们讲，让我在用笔、用墨方面很受启发。所以，我在自己的教学中尽量做到对学生态度和蔼，把自己所能够知道的、自己所体会到的东西都教给学生。

诸先生上课时在理论方面讲的不是很多，先生是实践多于言语的。上课时，他会一直来看我们的画，当他发现画面中的问题，或者我们作画遇到困难时，他会当场示范给你看，或者在你的画上加一些内容。这样他就把他的一些艺术主张和对绘画的理解在示范的过程中表达了出来。有一次，我拿着我画的一幅作品请先生看。诸乐三先生说："好嘛也不好，坏嘛也不坏。"当时，我在画上画了一些紫藤，他就在我的紫藤上加了些藤蔓，简单的几笔就使全作的气脉贯通了。因为我当时确实觉得，这张画的构图上总是有点不

诸乐三《柳树图》，1937 年

诸乐三艺术馆藏

诸乐三《瓦雀芭蕉图》，1947 年

私人藏

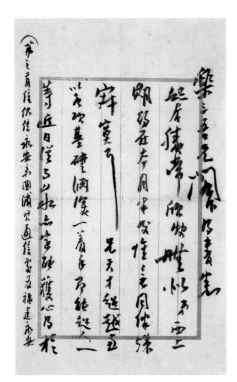

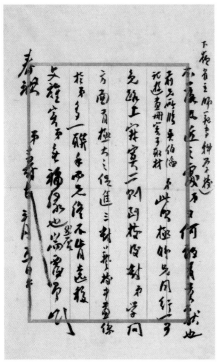

1939 年 3 月潘天寿致诸乐三信札邀请一同赴国立艺专任教

舒服的地方，他通过这种具体的示范，比简单的说些理论更能让你有一种直接的感受，我印象十分深刻。他经常是作画多于口述，他不是很擅长讲话，但是画画呢，他确实有自己的独到之处。

您跟诸老师交往的时间比较长，除了几年的研究生，以后与先生也有不少往来，您还能不能回忆起与诸乐三先生的一些往事？

徐：之前的事能回忆起来的不多。在本科的时候，诸乐三先生虽然给我们上课，但我们对这些老先生很尊敬，不敢有所耽误，也没有过多的去交往。在读研究生以后才跟诸先生以及跟他的家庭、师母接触比较多，诸师母对我们是很关心的。他们本来就是来自于农村，为人很朴实、很厚道，对我们小辈很关心。有时候还邀我们去他家吃饭，先是看诸先生作画，然后再一起吃饭。我记得有一次我们到书画社去，那里有一个展览，他进去看了看，绕了一个圈子就出来了，说："西洋画，西洋画"。实际上那位画家本是学西洋画的，后来改学了中国画。诸乐三先生对这种画风有点看法，我们也觉得那位画家的画也确实不是很好。而诸乐三先生是继承吴昌硕传统大写意花鸟画的这一派，成就相当高，他对继承传统，发展中国的花鸟画，是很有成就的。

您常看诸先生挥毫，您还记得他作画时的一些特点吗？先生对你们有何叮嘱？

徐：先生一直告诫我们不要急，有些学生心太急了。因为当时很多人已经开始画商品画，先生说不要多去画商品画，会让画变俗的。他的画，虽然是大写意的画法，但是用笔、用色比较深厚、沉着。他给作品上颜色时常常在毛笔上加一些唾液，加了唾液以后，会让这个颜色不刺眼，变得沉着。在用色方面，诸乐三先生认为不能只用一种颜色，单用一种颜色就会很单薄，所以他在用色的时候，就会避免平涂，再者是把调色盘里其他一些颜色也用进去。所以他有些画，像这个紫藤画的这个颜色就很丰富，不是一种单薄的表现，这个是又好看、又沉着。他很强调构图、强调用笔用墨，这方面他对我们的教导是很多的。

听说诸乐三先生病重之时，家乡来人请先生题字，当时先生坐起来已经很困难了，是您端着墨斗，马其宽老师扶着诸先生才勉强完成了题字。当时诸乐三先生在病榻之上，对你们有什么嘱托？

徐：对。那次诸乐三先生是题了"鹤鹿溪大桥"几个字。当时，他们家乡鹤鹿溪上新建了一座桥。家乡派人来请诸先生题字，不过诸先生病情已经很重了，坐都坐不起来。可是他对家乡很热爱，也就没有拒绝，他是尽量想办法提起精神来写这几个字。那时候他坐不起来，我和马其宽先生就把他扶起来，他就很吃力的写了。因为力气有限，字写的也不大，只能之后再放大。从这里，我们就看出了诸先生对于家乡的一种感情，这也是诸先生一生中最晚的墨迹。老先生不考虑自己的病痛，想为家乡出一份力，我们真的很感动。

刚才您也讲到了诸乐三先生和吴昌硕先生的关系，诸先生在上海时还在吴昌硕先生家住过，能不能再讲得具体一些？

徐：诸先生和吴昌硕都是安吉人，他们是有远亲关系的。所以诸先生从小就喜欢绘画，后来他去上海

诸乐三《菊花图》，20世纪60年代

诸乐三《白鸡红柿图》，1958年
中国美术学院藏

诸乐三《稻蛙图》，1959年

诸乐三《丝瓜图》，1961 年
中国美术学院藏

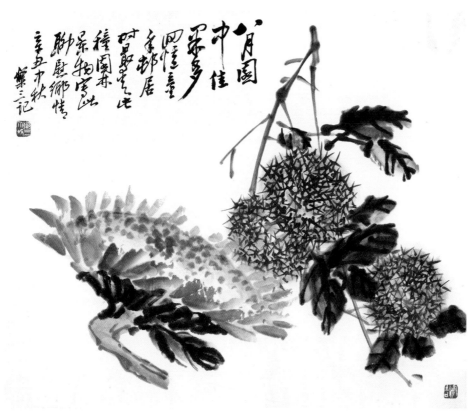

诸乐三《葵花籽图》，1961 年

读了医学的专科学校。在上海的时候，诸闻韵住在吴昌硕先生家里，诸乐三到了上海也就住在了吴昌硕先生家。诸乐三画画的时候，吴昌硕也会去指导，对他很欣赏，也经常鼓励他。我觉得诸先生的绘画，基本上是比较多地吸收了吴昌硕先生的风格，所以他们的作品，有的人会觉得比较像。因为他们是有一个比较直接的师承关系，可是仔细看呢，他们两人的艺术有不少不同之处。

诸先生不但是继承了吴昌硕这一路的笔墨，还吸收了青藤、白阳、八大、石涛、扬州八怪这些人，所以即使谈论到具体的笔墨方面，将两个人的作品摆在一起比较，虽然有相同之处，但还是各有特点的。另外在绘画的题材方面，比如诸乐三先生喜欢画紫藤、墨竹，可是他尽量在摆脱吴昌硕对他的影响，

他画的一些竹子，就很有自己的特点。但是他还是在题材方面创新比较多，因为他出身于农村，对农作物是非常有感情的，所以玉米、南瓜、芋头这一类的题材，他画得很多。特别是棉花、蚕豆花这一类，这些人家不太表现的内容，他都尽量尝试，而且画得非常成功。另外他的写意画中，还画鸟、草丛、鳞介，这些吴昌硕先生基本上都不画。他画的这些鸟类，包括大的老鹰、鹭鸶、雏鸡，小到白头、八哥、麻雀，这些他都画得很生动。昆虫他也画得很多，因此在题材方面，他画了很多吴昌硕先生不曾画过的东西。因此，他的画在构图、在笔墨表现上就跟吴昌硕先生拉开了距离。所以他也是在不断探索的。当然，他不可能像现在这样去搞一些表面形象上所谓创新的东西，但在传统的绘画中，他将篆

诸乐三《翠鸟图》，1962 年

私人藏

刻、书法等内容掺杂进到了绘画上，来画山水。因此他有自己的特殊之处，这是很不容易的。

诸乐三先生将吴昌硕一路的大写意画风带入到了美术学院的教学之中，您觉得两者间除了题材的不同之外，在气质上还有什么区别？

徐：诸先生是个很杰出的大写意花鸟画家，也是一个书法篆刻家和教育家，他在这方面的成就非常高。我们很难直接拿诸乐三和吴昌硕先生比较，但在吴昌硕后面的这些学生辈里面，他是非常杰出的。我觉得诸先生和吴昌硕比较的话，吴昌硕的气势更大，他经常采用纵式直上直下的构图，画梅花、竹了，气势都很足，因此在画面上他很难加一些草虫，加不进去。诸先生的画呢，虽然也是大写意，笔墨也很泼辣，但是他更严谨，他的构图、用笔以及穿插非常讲究，非常周到，特别适合于教学。诸先生一直强调绘画要高一层，比生活更美。他认为有些东西很普通，甚至是丑陋的东西，可是你作画应该把它美的一面表现出来，比如画石头。另外，诸先生还画芋头，芋头本身并不好看，但是诸先生通过笔墨描绘出来，就使得我们感觉它非常的可爱。他还画过蛤蟆，他有一张蛤蟆画得非常出色。蛤蟆本身是很丑的东西，以前也有人画，但是他画得很美，是雨后蛤蟆爬到一个石块上，配了一些竹子，竹叶也是水灵灵的并点了一些苔点，让人感觉空气里面充满了水分，特别湿润。这种感觉在吴昌硕的画里面是体会不到，也看不到的。这是由于诸先生对生活的热爱，对生活观察的仔细，将生活中一些很平常的东西，甚至是丑陋的东西，他能表现得非常美，这来自于他对生活的热爱。

诸先生是诗书画印俱全的大师，在这方面诸先生对您有什么影响？

徐：诸先生对传统绘画有着非常深刻的领会。其实不单单是绘画，诸先生在诗书画印四个方面，都有扎实的基础。只有在诗书画印四个方面有全面的修养，才能使你的绘画产生新面貌。诸乐三先生还强调，作画前首先要构思好，画面中要有诗意，当你有了诗意、有了感受，再去画。这样你的画中就有了一些自己的特色，跟其他人就有区别了。另外，再将篆刻、书法应用到绘画上，画面就有了一股金石气，有一种厚重、朴实的感觉，不是那种信笔的、很浮躁的表现形式。所以，诸乐三先生在诗书画印全面修养的方面是有很高成就的，我们也在尽力做，只不过没有做好就是了。

诸乐三先生有中医的背景。中医与国画都属于中国传统文化的一部分。您觉得诸先生的艺术和他的中医背景之间有没有关系呢？

徐：我觉得是有关系的。中国画非常讲究笔墨，诸先生曾说："作画时用笔不能一笔都不连起来，要接笔。所谓接笔，就是一笔之中可以断，然后再连上去，但连上去的这个接笔，笔可以断但是意要通。"也就是我们常说的笔断意连，这样画中的气势才可以贯通。诸先生的绘画因为是大写意，便很讲究气势，注重气势的贯通，我觉得这肯定和他学过中医是有关系的，很讲究这个气脉。气在画里面如何表现呢？比如诸先生的《紫藤》，其中的气势包括画中如何出枝，藤蔓如何盘旋，他很讲究其中气脉的连贯。因此，他的画看起来精气神非常足。

诸乐三《杜鹃花图》，1977 年
中国美术学院藏

诸乐三与黄宾虹的交谊

周飞强　诸正昊

　　本文通过一些稀见的信札、文稿、书画作品等一手材料，简略爬梳诸乐三与黄宾虹艺术上的交往；可知诸乐三向宾翁问道山水技法、金石书法及画史画论等，同时亦为其提供了许多有益的帮助；并考证《画学篇释义》大略出自诸乐三之手。

诸乐三《小龙湫》（局部）
诸乐三艺术馆藏

诸乐三曾问学于黄宾虹先生，但研究者似乎都不太清楚其中故实，忽略了他们之间的密切关系。王中秀先生编的《黄宾虹年谱》中，也仅录有 1948 年 10 月 10 日《民报》所登《艺专国画课同人欢宴黄宾虹教授》的报道，知诸乐三和吴茀之、潘天寿、潘韵、虞开锡、岑学恭及吴存模、张嘉言、田恒任等，在"十月六日午刻在杏花村公宴黄教授及其夫人"。

而 1962 年 10 月号《东海》杂志，登有一篇《谈黄宾虹山水画的成就》的文章，是吴茀之、孙慕唐、潘天寿、诸乐三、王伯敏、陆维钊、谷斯范、邓白、方令孺等人当年关于"黄宾虹画展"的座谈发言内容。从诸乐三的讲话中可知，两人约相识于 20 世纪 20 年代中期。当时诸乐三任教于上海的新华艺专，而"学校经常请黄先生来讲些有关中国画的理论和技法，因此我常能和他见面，平时所谈的总是书画上的一些理论，我觉得获益不少"。抗战胜利后，诸乐三到杭州国立艺专的第三年，即 1948 年，黄先生也来艺专执教。"此后经常与他接触，畅谈有关传统笔墨技法如何与造化自然相结合的表现方法，因而理解到即使一划一点，也不能随意涂抹，眩人耳目"。

诸乐三认为，黄宾虹善于将前人的各种笔墨方法汇合在一起，并在高深的理论指导下，敢于创造性地运用和发挥，终于形成了他自己的独有面目：

黄先生几十年来的创作活动，并不是没有理论根据的。在他从事绘画创作的同时，也就在进行理论上的探讨。我们在他的作品题跋中常常看到："巨然笔力雄厚，墨气淋漓""江贯道风雨泊舟图，耕烟翁见树影迷离，烟云无定，有神移鬼变之笔""画先求有笔墨痕，而后能无笔墨痕，起讫分明，以至虚空粉碎，此境未易猝达""巨然墨法，自米氏父子高房山吴仲圭一脉相承，学者宗之""宋元名迹，笔酣墨饱，兴会淋漓"等等。

从中便可得知，诸乐三对黄宾虹的画作很熟悉，有一些图恐是如今我们已未能寓目的。且他对宾翁艺术成就多所会心，其所谓"经常与他接触"，所言非虚。非有深入之交往和学习，恐不能有此中肯的评价。那么，对于黄宾虹这样一位画家中的画家、这样一位画坛耆宿，诸乐三作为晚辈从他那里究竟学到了些什么呢？

取法画意

如今人们只知诸乐三擅画花卉，其实，亦旁涉人物、山水。尤其中华人民共和国成立以后，诸乐三所绘山水作品渐多，并有不少作品原迹和图版存世。很显然，诸乐三从黄宾虹学到的第一个方面，是作山水画，尤其是山水写生。

这一点，从上述所论已经可以约略知晓。诸乐三《我的艺术生涯》一文中，也明确写道，"解放后五十年代初，在教务行政工作之余一度专攻山水画，经常向宾老请教"。1949 年，黄宾虹已在诸乐三的一幅山水画上题曰："笔力遒劲如古籀大篆，极槃礴之能事。乐三先生此帧最为合作。"这幅画，学黄宾虹的意味

诸乐三《水墨山水图》，黄宾虹题，1949 年　　　　　　　　　黄宾虹《山水图》，1949 年

很浓。用笔上，正如宾翁所言，以篆籀的笔法入画，笔力雄强，有磅礴之气。墨色虽没有黄宾虹那样的黑密厚重，但也淡墨和湿浓墨互用，呈现华滋之韵，大概所绘乃雨后诸山。

黄宾虹曾在其《金文著录》中提出"考书画之本原，必当参究籀篆，上窥钟鼎款识"，[1]而诸乐三素来对古籀文字研究有着浓厚兴趣。1949 年后，在写意花鸟画领域，诸乐三以籀篆入画的功夫已至上乘，及见宾翁以籀篆之笔写山水，这籀篆与山水间的不可言说之妙，或多或少激发了诸乐三跨领域研究创新的艺术本能。究其 20 世纪 50 年代初"一度专攻山水画"的内在原因，不知是受宾翁的导引和鼓励之故，还是对于籀篆与山水互通性探索的兴趣使然，又或是二者兼有之。

在一帧 1949 年题赠诸乐三的作品中，黄宾虹也写道："隶体证士习，前身钱玉潭。维庹如可作，峦影写江南。"钱玉潭即元代画家钱选钱舜举。赵子昂曾问钱舜举曰："如何是士大夫画？"舜举曰："隶家画也。"子昂曰："然，观王维、徐熙、李伯时皆士夫之高尚画，盖与物传神。在尽其妙也。近世作士夫画者，其谬甚矣。"黄宾虹 1925 年的《鉴古名画论略》中也早已谈及了"士习与作家之辨别"：

中国鉴藏古画，常重士习而轻作家。蒐求中国古画者，欧美诸邦，专崇作家而遗士习；东瀛海国，既尚士习，兼收作家，采取虽宏，而精鉴不远。中国之画，有离作家之面貌，合士习之精神者，此其上乘；兼作家士习之形神者次之；仅守作家之矩矱者又次之。欧化东渐，莘莘学子，习西画者，初犹不免诋诽国画。近数年来，东西学术沟通，远识之士，稍知国画之神味，而苦无鉴别之明识。盖中国作家之画，本与西法画为近，然甚不易学。以作家兼士习者，东瀛间有之，时谓之折中画。留学东瀛者尝工此，而多不合于古法。至于士习之画，其高者本不经见于朝市。而朝市之所谓士习画者，非师石涛，即仿石谷，仍不脱朝市气。其他狂悖鷔古之作，非不名高，皆非士习而袭士习之名而已。欲明国画之旨，非精于鉴古不为功。[2]

行家、隶（庹）家，在画史上是一个存有争议的话题，黄宾虹精熟于画史、画论，此处题画诗中运用此典故，仅短短四句话，便点出自己长篇文章论述的观点，这当然也可视为是对诸乐三学画的指导。前述诸乐三所作那帧山水，即较多这幅宾翁用笔、用墨的影子。

从一些未曾发表的信札和"诸乐三日记"中，还可见不少黄、诸两人交往的珍贵记录。比如黄宾虹 1953 年参加第一届国画展览会的作品，是由其代为转交的。宾翁致诸乐三的一通手札写道：

兹有学校限期十九日前要交画稿，祈代为缴去，并希指正。前承属画山水二条，业已点染竣工。册页计十二纸，勾勒轮廓之后，再加皴法浓淡数遍，先奉鉴评，后备用墨，浑成一气，略补小景，即可完卷。此上。诸乐三先生。宾虹拜上。

札中所及，黄宾虹讲述了一些山水作法。而代为转交的其中一幅渴笔山水，题有"古

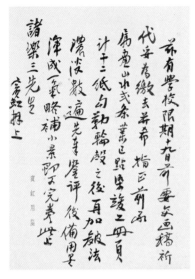

黄宾虹致诸乐三信札，20 世纪 50 年代

黄宾虹赠诸乐三《西溪水源图》，1952 年

黄宾虹赠诸乐三《拟米氏晴山雾霭图》，1953 年

来画重笔墨。渴笔渍墨，元季梅沙弥最为擅长，明倪鸿宝自称学元人，善变而出乎其上。兹一拟之"。此帧原迹不知所踪，因此所载题款文字亦足称珍贵。而从《全国国画展览会作品目录》看，黄宾虹入展有两幅，另一帧大概便是印在《一九五三年全国国画展览会纪念画集》的这幅，上题曰："涷雨初歇，凉飚欲流。以浑厚华滋之意写之。辛卯八十八叟宾虹。"

1953 年 12 月 20 日，"诸乐三日记"有：

过黄宾虹先生处，据谓昨日名伶盖叫天与其子顾谈艺事，宾老叩以："表演孙悟空舞通天棒时的精神应注意哪里的一点方得生动之趣？"盖氏默然久之，宾老谓："我认为舞棒时，演员的双目应看棒的棒头，眼睛的视点，须随棒头旋转，才得神气十足。作书作画，用笔亦然。不足则难免轻佻之病。"

12 月 29 日，黄宾虹受寒腹泻，诸乐三为其开药方。病症缓解，宾翁与之谈及用笔之法，认为"笔着纸，宜万毫齐力，执笔用力在腕，笔宜转动，否则毫易倒而无力矣"。

1954 年 6 月 2 日，则又有：

往访黄宾老，见十余年前在北京所写之山水尺册十余帧，均系随意钩点，据谓是自己用功时所作，不与示人，自家看看。有仿古人之原作而钩之，有依照原作之巨幅者缩小而钩之，不必全似，得其大意。间有山石轮廓用墨钩后，其中皴点用汁绿或花青者，虽随意游戏之作，而别具风格也。

另据孙晓泉的文章可知，诸乐三藏有许多宾翁的书画作品，"有三十多幅是山水册页，而且都是精品"。[3] 这也印证了黄、诸两人非凡的私人关系，这批册页今后如能面世，无疑能大大推进相关研究。

20 世纪 50 年代，美术界特别强调写生。如今人们较为多见的，诸乐三陪宾翁在西湖边及灵隐等地写生的照片，也即在 1954 年 10 月。毫无疑问，诸乐三从黄宾虹那里学得了一些中国山水画的写生之法，但在实际运用中则有不同的表现。在1935年的《国画笔墨概述》一文中，黄宾虹曾说：

> 写生法，须先明白各家皴法，如见某山，类似某家皴法，即以其法写之，盖习中国画与习西画不同，西画之初学者，间用镜摄影物质入门，中国画则贵神似，不必拘于形样，须运笔用墨自然入妙，故必明各家笔墨及皴法，方可写生，写生须知法与理，法如法律，理如物理，无可变易。语云，山实虚之以云烟，山虚实之以楼阁，故云烟楼阁，不妨增损，如山中道路必类蛇腹，照实写去恐妨过板，尤须掩映为之，以破其板，乃画家造诣之极，此言江山如画，正以其未必如画也，如此乃妙。[4]

刘江的《诸乐三美学思想初探》，也谈及业师诸乐三对写生的理解。在写生初学阶段，形似是须重视的，但过分强调，就会变成纯客观的描写对象。而诸乐三在授课时看到学生们都具备一定写实基础，所以提出"不能百分百的描绘对象，要有取舍"。"取"与"舍"的标准在于"要抓住对象中美的东西"即对有"生命力的地方"要强调，那些与主体"无关的要削弱或减少，达到以形传神的目的"。[5]类似"取与舍"的美学思想，也见于1955年3月4日黄宾虹在病中对王伯敏语："对景作画，要懂得'舍'字，追写物状，要懂得'取'字，'舍、取'不由人，'舍、取'可由人，懂得此理，方可染翰挥毫。"

虽说诸乐三与黄宾虹在美学思想上高度一致，但二人在山水画实践中所反映出来的

诸乐三与黄宾虹在灵隐飞来峰下写生，学生洪世清同往为二人照相合影

情趣、取舍的对象却是各有不同的。诸乐三钟情于小景山水，他的取法对象往往是一座山体里某个局部正在发生的场景。在一个描绘的场景里，诸乐三尝试选取他认为美的核心做一些意趣化的处理，舍去不重要的细节，将场景内的生机最大化，在场景内做取舍。在一个个小场景内构筑对于整座山体的想象。1958年上海人民美术出版社刊印的《山水小品》中，收有诸乐三绘制于1954年11月的《烟霞洞图》，图像稀见且珍贵，多少说明了其山水作品受到了某种程度的认可。而未曾公开发表的一帧1954年所作《灵隐前石佛图》，则黑密厚重、笔苍墨润，更可视为曾向宾翁请益山水写生的直接证明；当然又兼具个人特色，古木苍岩，佛龛内造像身姿各异，颇有异趣。诸乐三曾有言："画面看起来很丰富就很美。"刘江对此则做如下解读："这句话有两层意思：一是画面所表现的内容很丰富，

诸乐三《灵隐前石佛图》，1954 年

诸乐三《烟霞洞图》，1954 年

很有内涵、耐看就美。前者是景物的表象，后者是景物内在的精神。当然所要重视的也是后者。"

1955 年雁荡写生的《小龙湫》，就有了更多自己的面貌，盖因不同景物的写生，需用不同的笔墨皴法之故。1958 年还有一帧《千万渔船出海头》，写舟山岛上所见的景象，风格又有一变。很显然，除因贴近生活所反映出的个人面貌以外，诸乐三跟吴昌硕学花鸟，跟黄宾虹学山水，均在袭其貌之外，更重取其"神"。而要做到这一点，则根源于其在金石篆籀上的精深钻研。

书印交流

黄宾虹富于玺印收藏，亦长于金石文字之学。诸乐三与宾翁的交游，这方面收获的教益显然也不少。

1923 年诸乐三最早执教上海美专时期，曾编有《篆刻刍言》，分"审名""历代印变迁""印之制度""印之格律""印之章法""印文笔法""刀法""识款"八个章节，是上海美专将篆刻这门艺术正式纳入美术高等教学范畴的首次尝试。从现存诸乐三所编的《篆刻刍言》油印本看，它最初用于上海美专暑期讲习会。1948 年时，诸乐三可能想把它重新编订扩展成书，并请黄宾虹题语，全文曰：

> 自元代吾邱衍撰《三十五举》，续谈篆刻诸法者，不乏其人。至前清道光间，金石学盛，潍县陈簠斋作《印举》，千玺万印，系之考释，惜未卒篇，近多散佚。今当古物出土，玺印尤多，乐三先生将由此编而扩充之，幸甚。戊子八十五叟宾虹。

这篇文字已见录于王中秀主编的 2019 年版《黄宾虹文集全编》之"题诸乐三编篆刻刍言"。从这份珍贵的手迹中，不仅进一步见证了两人交谊，也可知诸乐三仍在不断完善个人篆刻教学理论，也在印学方面向宾翁多有请益。

诸乐三《小龙湫图》
诸乐三艺术馆藏

黄宾虹题诸乐三所编篆刻教材《篆刻刍言》
诸乐三艺术馆藏

黄宾虹为诸乐三藏《吴缶老自写诗册》题签、题语，1949 年

私人藏

而 1949 年，诸乐三曾编订《吴缶老自写诗册》，黄宾虹又为之手书长文，曰：

曩赵㧑叔与魏稼孙论金石之学，最相契合，书问往还，络绎不绝。严筱舫观察得其尺牍，爱而付诸石印，以广流传，人艳称之。吴缶老篆刻书画声名藉甚，不亚于赵㧑叔，此与其桑梓耆旧，商订韵语。所录自作诗，乐三先生得之，中多已刻，遗集未经睹，什袭装池，宝爱为何如也，因题而识于后。己丑八十六叟宾虹。

这段珍贵文字收于《黄宾虹文集全编》，实是黄宾虹的一份重要研究文献，也可视为一件重要的书法作品。而很显然，黄宾虹是很看重诸乐三诗书画印的全面修养的。在题赠的一副对联中，宾翁曾写道："乐三先生文词书画俱臻上游，因集古籀文字，撰为楹语，以志幼佩，即希粲正。拙笔荒率，不足观也。"1952 年赠诸乐三《无声诗思卷》又有："此余前十余年旧作，乐三先生六法精妙，兼善鉴别，见而爱之，愧不能佳，书此志感。"诸乐三则在 1953 年与宾翁的对谈中，也用诗点出了黄宾虹对古文字的看重。《黄宾虹先生画赠白门清凉山居图，并示和刘均量诗依韵奉和》如此写道：

不谈图画谈文字，画即是字取之意。
问有至理难尽言，为内美能寿万年。
墨团满纸碑三老，知者颔之昧笑倒。
昧笑倒翁忽奇怪，笔趣郁律蟠蛟螭。
山川灵秀集腕底，诗中有画画中诗。

同年宾翁九十上寿纪念，亦作诗《寿黄宾虹先生》：

九十几人寿，黄公厚得天。
虚怀抱风月，静趣押山川。
画索自然理，心原上乘禅。
岭霞映筇屐，晚色更鲜妍。

诗中对宾翁极尽溢美之词。《诸乐三日记》中还记载了黄宾虹九十寿辰纪念的一些情况：

华东美术学院为黄宾虹老先生祝贺九十寿辰，余亦筹办之一。其本人画件有三十帧，书法三件，及其诗稿画稿（包括游历所钩的稿及临古画稿）和其收藏秦汉印谱文字考释等著作。同时陈列其收藏的书画一部分，收藏的名作如：明张恂《设色浅绛山水》、清王

黄宾虹赠诸乐三《画趣文思七言联》，1949 年

石谷《竹石图》、明吴涛《拟米法》、明查伊璜《山水》、明汪家珍《移居图》等。

从中亦多少可看出，诸乐三对宾翁艺术与学术的兴趣和关注点所在。

参校画论

此外，诸乐三还参与到了黄宾虹晚年画史画论的研究、记录、誊抄、释义等工作。这或许也是之前的黄宾虹、诸乐三的相关研究中所未涉及的。

其中最典型的就是 1953 年诸乐三对黄宾虹《画学篇》的整理。《画学篇》长歌为画史要略，意在就"中国画学升降，略贡臆见"，是宾翁晚年对中国画学的概述。根据王中秀在《黄宾虹年谱》一书中对《画学篇》的存考，"对于'中国画学的升降'的关注，自 1912 年在《真相画报》发表那一组未终篇的相关文章伊始，一直贯穿在老人中国画学的整合活动之中，伴随着对中国现代画学探索的每一步深入和取得的悟解，老人都有新一轮的梳理。"宾翁据其晚年所悟，提出"道咸画学中兴说"，这为中国画学升降打开了新的研究方向，同时也"激发了老人撰《论道咸画学》和重写《古画微》的愿望"。明知自己年迈目疾，虽有心却已无力达成上述所愿，但在人民政府及友人众望之下，"写一首关于中国画学升降的长歌便不失为一种权宜之计"，《画学篇》长歌应运而生，于 1953 年春作成。

在宾翁致郑轶甫信中有言如下："如近作《画学篇》一首，交研究人转抄付刊，分赠参观典礼各友，闻散出百余份之多。事先既不经意校对，或交作者过目，现今各处纷纷函诘错误，始悉句亦遗漏不少，咎归自己粗疏，目疾之害如此，学院诸教职茫然不

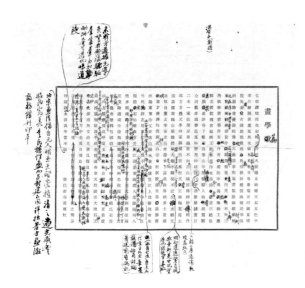

黄宾虹《画学歌》（即《画学篇》第一版），1953 年
诸乐三艺术馆藏

知，仆亦以为忙中未刊，今知大误。除北京李副主席、上海文化局赖局长与尊处自抄外，改正寄出，余由仆自行觅印刷处，今在动手中。而干事人误认仆之脑筋过旧，伊再翻新出奇云云，因之草率了事，岂不可叹。"[6]正因《画学篇》在研究人转抄付刊时出现了严重的纰漏，使得黄宾虹不得不对其二次修正且不得再有贻误。或因诸乐三早年有国文教学的经历且诗歌功底扎实，又或因私下交好且同居杭城的缘故，黄宾虹找来了同在美院任教的诸乐三共同完成《画学篇》的二次校订工作。诸乐三共藏有四个版本的《画学篇》稿件，较王中秀《黄宾虹文集全编》所收多两份。上有很多其修改的内容，材料很珍贵。第一版，名为"画学歌"，区别于其他版本"画学篇"的命名，通篇有大量诸乐三笔迹的文字修正及语句补充。虽不易判定诸乐三的批注是出于宾翁的授意，还是自己个人行为，但所展现的情况与宾翁致郑轶甫信中"纷纷函诘错误""句亦遗漏不少"的描述相吻合，此版修正内容多，且诸多批注、补充、修正，在另外三个版本均以正文内容出示，故我们

认为这便是引起各方诘难的那一版《画学篇》。关于王中秀《画学篇》存考中"现存多种印件哪一份是最合老人原意"的疑问，我们认为应是诸乐三所藏第四版，系为《画学篇》最终定稿，全文无任何纠错，且钤有宾翁自用印四方，"黄宾虹""长生安乐""冰上虹飞馆""会心处"，及一方似为饕餮纹的古玺。相同文字内容还可见于黄宾虹赠程啸天《画学篇》版本，仅钤印内容略有不同。对照之下，王中秀所收"其一"对应的是第三稿，"其二"大略同于第四稿，但亦仍有出入。

而《画学篇释义》一文，是对《画学篇》内容的解释，共存三稿，我们认为乃出自于诸乐三的手笔。这可从王伯敏《画学篇释略》一文中得到印证，"黄宾师于一九五三年春作《画学篇》，付梓后，口释其意，由诸乐三先生记录整理成文，成《画学篇释义》一卷"。既有先前《画学篇》二次校订的合作经验，二人在《画学篇释义》的再度联手也就顺理成章了。原题"画学篇解释"的初稿，乃诸乐三手迹，上面则有宾翁的修改字样，最终成为如今大家所见的模样。全文曰：

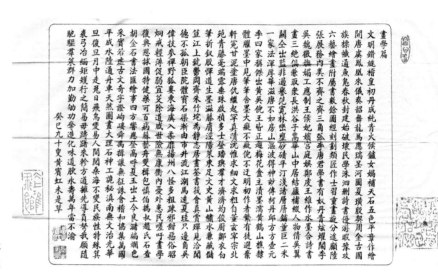

黄宾虹《画学篇》第四版，1953年
诸乐三艺术馆藏

上古三代，汉魏六朝，画先象形，本原有法，而不言法。故老子曰"圣人法天"。燧人氏钻木取火，画有起点，始言光线，以开文明。灯火炉火，皆具五色，女娲氏炼石补天，彩绘五色，今之颜料，如丹砂、曾青之类。《虞书》十二章，山、龙、华、虫，分山水、人物、花卉、鸟兽、鳞介。藻、火、粉、米，分青黄黑白。黼、黻、絺、绣，分别疏密，笔墨章法，法已完备，凤苞五彩，合于乐舞，龙马河图，合于算数。三代金石，锲刀雕刻，即有柔毫。国族标帜，今称图腾。春秋而后，封建破坏，君相失学，道在师儒。六艺之文，礼、乐、射、御，是为君学。书、数二者，是为民学。画学为书、数之余事，人民共习，宜必修科。唐画十三科，虽祖唐虞，崇尚丹青，专重外美，已失古法。汉魏六朝，顾恺之、陆探微、张僧繇、展子虔，画与书法合，是重内美。唐画十三科，山水打头，界画打底，虽言丈山尺树，寸马豆人，界画偏重仪器，（画）失自然生动。此明董其昌所谓唐画刻划不足学也。

唐太宗改晋魏书体，务在均匀，为干禄书，又名算子书。钞写文字书，便于胥隶，又称奴书。画拜阎立本为右相，而阎初不识张僧繇之壁画、大小李将军金碧之画，王维以粉涂为雪景，吴道子时称画圣，宋米元章自称无一笔吴生习气。玄宗尝与诸兄弟王侯妃嫔宴饮，魏徵侍座赋诗，而阎立本跪而写图，骇汗不已。此唐人尚外美。而惟郑虔、王维作水墨画，合之于诗，诗中有画，画中有诗。及至唐末五代，荆浩、关仝、范宽、郭熙、李成、董源、巨然，俱以文学博雅之士，追究六法，写大江、黄河流域之名山真迹，各具面貌，兼得情趣；又合米元章、元晖父子为一家法，是能山川浑厚，草木华滋，为唐人所不及。

宋末元明，高房山、赵子昂、柯丹邱、方方壶、黄大痴、吴仲圭、倪云林、王叔明，崇尚北宋。明初虽不为作者所喜，而吴伟、张路辈起，识者号为野狐禅，赖有文、沈、唐、仇纠正之，尚犹不足。万历间，有董玄宰师法董巨。天启、崇祯，士大夫正人黄道周、倪元璐，俱多杰作。昆陵邹之麟、恽道生，泾阳张洵，莱阳姜实节，黄山李永昌、程嘉燧、李流芳，新安四家僧弘仁、查士标、汪之瑞、孙逸，秀水项元汴、子德纯，均收藏

丰富，评论精确。润州笪重光，刻《郁冈斋帖》，著《书筏》《画筌》。檇李朱彝尊著述宏多，诗、书、画三绝。清代故宫收藏朝臣院体画，以《石渠宝笈》为宗，渐由市井，以开江湖，积习既深，沦于甜赖，民族性画，不可多见。娄东王时敏、王鉴，虞山王石谷，声名藉甚，而风骨柔靡。云间凄迷琐碎，浙闽粗恶，金陵、扬州流派，皆有偏蔽，虽或诗胜于画，画非其至。及道咸间，金石学盛，画艺复兴，安吴包慎伯著有《艺舟双楫》，古来笔墨口诀，昭然大明于世。吴（熙载）让之先得其传。赵㧑叔与戴望字子高，同习公羊学，倡言排满革命，著《鹤斋丛书》，善画山水，为仁和许增交善，所作尚存，多写花卉，是其诙谐游戏之笔而已。河南胡义赞，字石查，精古泉学，画法玄宰，提倡笔墨古法甚力。

近廿年来，良渚夏玉，长沙周缯，古物出土，可见古人精神文明。学者取长舍短，由师古人以师造化。卷轴流传，俱供参考。见大理石斑斓五色，用作水彩水墨法，改变前明兼皴带染之习，力追晋、魏、六朝、唐、宋、元、明笔墨精神，创作空前绝艺，是在立志奋发有为而无难也。

《黄宾虹文集全编》中所收在着重号处，与之略有不同，盖修改稿与传抄稿之别也。另可见有诸乐三手书的黄宾虹《古文字始原》一文，与后来"古文字原始"文同而标题略异。按王中秀所说，黄宾虹自己存有此文手稿，约作于1954年，其中有些字迹难辨。如此看来，诸乐三所录应该只是誊抄稿。当然，也有可能是按黄宾虹的初稿改写而来。无论如

何，可视为一份比较阅读的资料。

总而言之，诸乐三在黄宾虹艺术研究中的重要性被大大低估了，同样被低估的，还有诸乐三与黄宾虹艺苑交游留存于世的一些珍贵艺术作品！

诸乐三也始终对黄宾虹情感深沉，1963年宾翁百岁冥诞，还曾撰诗纪念，感慨系之：

三绝谁能并驾驰，晚年气节更矜持。纵然画比琼瑶贵，不易青蚨润笔资。

我缘同好契岑苔，纵许登龙愧不才。卅载论交敦道义，何时杖履复追陪。

画理精微禅可参，不从形似致雕镂。羁笼摆脱宁无法，自得天机非外求。

精辟一庐岩洞阿，琳琅遗著足观摩。光风霁月人何在，庭树春来自发柯。

名场从未竞奔驰，冲淡襟怀想见之。范水模山宁止画，更传佳咏蜀游诗。

兜率归真七载过，期颐觞寿隔山河。平生胸次饶邱壑，留得丹青永不磨。

1《黄宾虹文集全编 叁·金石编》，北京：荣宝斋出版社，2019年6月，第243页。

2 黄宾虹：《鉴古名画论略》，《东方杂志》1925年第22卷第3期，第101、102页。

3 孙晓泉：《"霜叶寻不到，期尔一流人"——忆诸乐三先生》，《永远的怀念：诸乐三诞辰一〇五周年纪念集》，第40页。

4《民报》1935年11月25日，第10版。

5 浙江省中国花鸟画家协会编：《中国花鸟画论文选——纪念诸乐三诞辰一百周年学术研讨会专辑》，2002年，第14页。

6《黄宾虹文集全编 陆·书信编》，北京：荣宝斋出版社，2019年6月，第369、370页。

回眸

在 1956 年王雪涛和毕加索的一次交往

王 丹

1956 年，中国文化代表团访问欧洲，进行文化交流。作为代表团的成员的王雪涛联系旅欧画坛老友，与法国文化艺术界人士的聚会现场挥毫，与艺术大师毕加索会晤交流中西艺术，为中国画艺术在当时欧洲文化艺术界的传播起到了巨大作用。

王雪涛《鹤舞》，1958 年
王雪涛纪念馆藏

王雪涛（左一）向毕加索（右三）介绍齐白石作品

文化代表团成员王雪涛（右一）、科学家侯德榜（右三）桥梁专家
茅以升（后排左一）、翻译家李霁野（左一）、画家张仃（左二）、
歌唱家郎毓秀（右二）等人在巴黎留影

　　在中国与毕加索有过接触的画家中，人们都知道两个人，他们是张大千和张仃，
鲜为人知的是还有王雪涛。他是在 1956 年与张仃一同会晤毕加索的，这要从当年
中国文化代表团访问欧洲谈起。

　　有人说 1956 年是一个中西艺术史上值得纪念的年代。因为这一年 4 月中旬，
以当时任化学工业部副部长的侯德榜为团长，冀朝鼎为副团长的中国文化代表团
为了增进中国与欧洲的文化交流与经济研究而出访了欧洲，包括法国、意大利、
瑞士等国家。当时在中国画坛颇具影响力的王雪涛先生就是这一出访欧洲代表团
的一员。代表团中还有科学家茅以升、山水画家张仃、作家李霁野、音乐家朗毓
秀等。这一年中国国际广播电台对外广播中，第一次使用西班牙语广播，此时已

王雪涛《芦塘鸳鸯图》，1953 年

有英语、日语、朝鲜语和东南亚各国语种的广播。

20世纪50年代王雪涛已据重要的中国画坛地位，参与组织并参加第一届国画展览会，展出作品《芦塘鸳鸯》，为此期代表之作，被聘为人民美术出版社编委。

当时雪涛先生已担任北京市人大代表，新中国画研究会副主席，并参与筹备成立北京画院的工作。

这一时期是他花鸟画艺术题材广泛、落笔灵妙、造型精准、鲜明而独特的个人风格日趋成熟的阶段，也是他创作力最为活跃的时期之一，预示着此后二十余年创作高峰时期的到来。

雪涛先生这次随团去欧洲除了宣扬中国传统文化，他还担任联系画坛老友的特殊使命。当时的报纸记载了这次访欧洲的部分活动。在法国期间，一次艺术家、学者和官员们参加的聚会上，雪涛先生即席挥毫作《雄鹰图》，以其独到的、形神兼备的风格，敏捷灵动、落笔成形的笔法令在座的法国艺术家们领略到中国画艺术的巨大表现力和魅力，令他们惊叹叫绝。可惜我们今天只能根据人民日报的文字报道意会这张作品了。

在巴黎，雪涛先生还特意会见了已有几十年情谊的老友张大千先生。在20世纪40年代，他与张大千、于非闇就有合作画，如《荷塘清趣图》，张大千画荷，于非闇补蜻蜓，雪涛写蛙，题为："白菡萏香初过雨，红蜻蜓弱不禁风，大千居士爰。雪涛补蛙于迟园，非厂写蜻蜓。"

王雪涛、张大千、于非闇合作《荷塘清趣图》
四川博物院藏

王雪涛《报喜图》，1956 年
王雪涛纪念馆藏

王雪涛《松鹰图》，20 世纪 50 年代
王雪涛纪念馆藏

王梦白《红树双猿图》

潘玉良和张大千在法国的朋友聚会中，右二潘玉良，右四张大千

后来，在 1946 年春，张大千到王雪涛家中拜会，见到王梦白为雪涛夫妇所画《红树双猿图》，提笔在画上写道："远寻红树宿，深向百虎啼。丙戌春孟，雪涛道兄出观，去梦白先生之殁忽忽十二年矣，题此不胜车过之痛，大千。"这张画一直被雪涛先生保存，并挂在家中。可见二人的深厚友情以及雪涛先生对王梦白先生桃花潭水般的师生情谊。此时异域重逢，二人不胜感慨之至。

在我的母亲温瑛《王雪涛访问巴黎》一文中记载"雪涛向大千先生转述了出国前文化部领导交与代转达的周总理对大千的关怀，及争取他回国观光或参加祖国文化工作之意向"。其中还记录："在雪涛先生的旅欧日记中多次提到女画家潘玉良、赵无极、吕霞光等先生，文中洋溢着艺术家之间融融的情感。"

当然，这次法国之行还有一个重要的访问计划就是 7 月 11 日与艺术大师毕加索的会晤了。当时，他住在法国南部戛纳。那时的毕加索 75 岁，已经完成了他在蓝色时期、古典时期、玫瑰时期、立体主义时期、超现实主义时期的艺术探索和创新。他早已功成名就、声名赫赫，还仍在不断的寻找自我突破和创新。1956 年他与利·乔治·克劳祖特（Henri Georges Clouzot）、克劳德雷诺瓦（Claude Renoir）主演了由利·乔治·克劳祖特执导的纪录片《神秘毕加索》（The Mystery of Picasso）。

当时的中国正是"百花齐放、百家

王雪涛 1956 年在法国巴黎留影

争鸣"的时候。雪涛先生在他的艺术创作中一直有着很强的革新意识。早在 20 世纪 20 年代他在国立北平艺专时就接触了西方现代艺术。在拙文《蓝已青矣》中记："1926 年安德烈·克罗多携夫人到北京应林风眠之邀任国立北平艺专西画系主任……当时我的祖母（徐佩蕸）就在西画系师从克罗多。同时期，我的祖父求教于诸大家，心追手摹，广学所长，尤为当时的教授王梦白、齐白石、陈半丁的喜爱。他与徐佩蕸仰慕闻一多，并从学于闻教授之美术史，亦受克罗多之偏爱……祖父这一代人成长于"五四"前后，一方面有着传统文化素养的根基，在艺术上追求文人的朴素而简洁的美，另一方面也受到新文化运动的洗礼，反对照搬古人，认为死摹古人画法是不对的，他们推崇能独守'寂寞之道'的同时，并'胆敢独造'创新的人，才是真的艺术家。他们也在不断用自己的艺术实践验证这一点。"王雪涛是他们中突出的代表人物。

在米景扬《认识王雪涛先生》一文中还谈道："这天来找侯大夫的客人，身着笔挺的蓝色西装，脚穿黑色皮鞋——这在当时是很罕见的。来人中等身材，两眼炯炯有神。从他们的谈话中我得知，原来这就是王雪涛先生！王先生刚从法国访问归来。他给我的第一印象是：观其人，就知道只有他才能画出他那样的画来。王先生拿出从法国带回来的打火机点烟，一打火，带动八音盒叮当作响，美妙动人，大家都感到很新奇。"

在张仃先生的一篇回忆文中这样记载："我们来到毕加索的工作室，是在海边的一所别墅。他热情地带我们参观了他的工作室，原以为他的工作室一定很华贵，因为他是世界上最有钱的画家，他卖的一幅画的价钱，可以购买他一生用不完的绘画材料。可是，在这位世界著名的大画家的工作室里，除了

毕加索《和平鸽和描摹的王雪涛中文名》 王雪涛兰花速写

私人藏

他的作品是新的，一切陈设全部是破旧的，墙上是不断脱落的灰迹，沙发旧的已经露出了弹簧……所有这一切，这位艺术家好像一点没意识到。他工作室的墙上都挂满、摆满了大量新作。可以想象到他的全部精力、思想、感情、心灵和生命都投入到艺术的世界中去了。他惊人的艺术劳动和异常旺盛的精力，十分令人钦佩。"在他们的会见中雪涛先生特别为毕加索介绍了齐白石的画，毕加索对东方艺术非常倾倒。当代表团一行提出希望他来华访问时，毕加索诙谐地说："你们那里有个大师齐白石，我不敢去。"他还热情地用红蓝两色笔在雪涛先生的速写本上题了"王雪涛"三个字，又画了一只振翅的和平鸽相赠以为纪念。

　　这次会晤意味深长，成为两国友好、中西文化交流的一个珍贵历史纪念。

1 温瑛：《王雪涛访问巴黎》，北京画院编，《墨海灵光》，北京：文化艺术出版社，2010 年。

2 王丹：《蓝已青矣——我的祖父王雪涛》，《艺术》，2017 年，总第 149 期。

3 米景扬：《认识王雪涛先生》，《我在荣宝斋 40 年》，北京：北京出版社。

回眸

肝胆相照，情深意合
——宋文治与亚明的交往

宋 珮

一个画派的成功，离不开集体的力量。新金陵画派以傅抱石先生为首，创作了大批具有开创性的艺术作品。亚明先生是其中重要的推动者和组织者，宋文治先生则是具体工作的执行者。在亚明和宋文治四十余年的工作交往中，他们真正成了肝胆相照的好同事、情深意合的好伙伴。

宋文治《井冈山茨坪图》，1977年
宋文治艺术馆（太仓名人馆）藏

20世纪的中国美术史注定是整个美术史上的又一高峰，其间所出现的艺术大师之多、作品之经典，奠定了这个时代的独特性。这一时期里先后出现的海派、京津画派、岭南画派、长安画派和新金陵画派在全国各地的艺术创作中起到了关键的引领作用。纵观各画派，新金陵画派当时在全国具有很强的影响力，也是当时中国画发展的方向标。一个画派的成功，离不开集体的力量。新金陵画派以傅抱石先生为首，亚明先生为主要推手，钱松嵒、宋文治、魏紫熙等为中坚骨干。这个集体创作了大批具有开创性的艺术作品，使他们逐渐成为中国画改革创新的代表团队。新金陵画派最重要的意义就在于，他们用高质量的艺术作品，证明了中国画完全可以为新时代服务这个当时处于激烈争论中的重要课题，与此同时也将中国画的发展推向了新的高度，并创造出这一时代独有的样式。

经过近一年的采访和研究，我深深被亚明先生和宋文治先生以及新金陵画派这个集体所感动。纵然他们的中国画革新是在整个政治大背景下完成的，但他们从一开始所树立的对中国画的认知从未动摇，并通过他们对传统的坚守，对新笔墨的探索，在传统的继承中开创了新天地。在这样一个团队中，傅抱石先生是当之无愧的带头人。不管是在艺术创作上还是观念上，他都是这个群体中的灵魂人物。亚明先生是其中重要的推动者和组织者，宋文治先生则是具体工作的执行者。在亚明和宋文治四十余年的工作交往中，他们真正成了肝胆相照的好同事、情深意合

的好伙伴！

宋文治与亚明的交往要从一封推荐信开始说起。1956年，宋文治在安亭师范担任美术老师兼总务主任。当时的江苏省文化局副局长吴白匋先生是一位著名的戏曲家、书画金石鉴定家和收藏家。1956年暑假，省教育系统在无锡开办音美体老师的培训班，当时在安亭师范教美术的宋文治也参加了培训。吴白匋应邀来讲课，对昆曲尤为爱好的宋文治，自然不会放过向吴白匋请益的机会。叙谈间，因对昆曲和书画的共同爱好，两人十分投缘。吴白匋告诉了宋文治江苏正在酝酿成立国画院的消息。就在这年9月，江苏省文化局向省委正式报送了《关于筹建江苏省国画院的报告》。10月，省文化局、省文联在南京召开了"全省国画家代表座谈会"，宋文治应邀参加。这次会上，成立国画院是画家们最关心的议题，宋文治想加入画院的心情也越发迫切了。可当时的宋文治不过是安亭师范的老师，他与江苏文化界并不熟悉，想要得到美术界的权威刘海粟先生来推荐自己实在不易。于是他想到了陆俨少先生，希望通过他来引荐。对此，陆俨少欣然同意。他十分看重宋文治，乐于推荐他。凑巧的是，陆俨少与刘海粟不仅相熟，而且两家都住在上海复兴路，相距不远。陆俨少先在家中将信起草好，然后带宋文治一同去刘海粟家拜访。刘海粟性格爽朗，也很热情，在与宋文治交谈并看了他的作品后，十分爽快地签了名并盖了名章。

铭璜部长、周邨主任、抱石、亚明、之佛诸位同志：

我省从召开国画界座谈会以来，为了繁荣江苏国画艺术，正在积极筹备国画馆等工作，为了提高质量，更好地培养人才，在组织工作方面非常重要，必须广泛发掘人才，团结国画界最优秀的新生力量，为繁荣我省国画而奋斗，才能符合国画馆组织的要求。据我了解，现在江苏省安亭师范担任总务主任的宋文治同志，确实是我省国画界比较年轻而优秀的人才，他创作潜力很强，不特（仅）国画有很好的修养，在西画方面也有一定的基础。听说他们领导上很重视他的绘画才能，鼓励他并支持他创作。这样做是对的。但为了更能发挥他的特长和作用，得到归队和培养是更迫切的。因我根据看到他的作品和谈话中，其所见解和创作水平，是有很大的发展前途的，所以宋同志不仅是一般中等学校教师的才干，是值得重视并应进一步给以培养的机会，因此我愿向省提出，请予以研究考虑。

此致
敬礼

刘海粟
一九五七年一月十四日
（宋文治同志国画创作曾在 1956 年 9 月份《人民画报》发表刊出，及向省第二届文代大会献礼的国画，现存省文联处）

1957 年 2 月 20 日，江苏省人民委员会批准成立"江苏省国画院筹备委员会"。吕凤子任主任，傅抱石、陈之佛、胡小石和亚明任委员，

亚明具体负责筹备事宜。经宋玉麟回忆，这封推荐信应该是经吴白匋先生转交给亚明的。不到半年，1957 年 5 月宋文治就调动成功，进入江苏省国画院工作。除了他自己的艺术水准以及作品屡次发表和获奖外，这封推荐信应该是起了一定作用的。推荐信是亚明先生 2002 年去世后，儿子叶宁在整理遗物时发现的，后来赠送给了宋玉麟作纪念。这封推荐信虽然经历了几十年的风雨，但保存十分完好，墨迹如新。它包含了吴白匋、陆俨少和刘海粟对宋文治的提携之情，因此极其珍贵。

1960 年 3 月 16 日，江苏省国画院正式成立，时傅抱石任院长，亚明任书记兼副院长，宋文治担任画师兼院长秘书之职。4 月 4 日，中国美术家协会江苏分会成立，亚明任副主席兼秘书长，全面组织和负责江苏美术工作。此时的画院集结了江苏各路绘画高手，各个踌躇满志，热火朝天地开始了各种创作。当时这些画家们经常在一起讨论和互相观摩，一个稿子大家一起想，一个主题创作多稿，充分发挥个人优势，进行集体创作。为了更好地研究出如何用中国画的形式来表现时代，来为时代服务这个大课题，所有人都非常坦诚公开地讨论和研究，集各家所长，共同创作，由此出现了一大批集体创作的经典作品，如《人民公社食堂》《工人不要计件工资》《为钢铁而战》《工地捷报》……亚明和宋文治当然也是其中重要的创作者。也正是在这样的集体创作氛围中，这些江苏画家很好地形成了一种合力，可以说这是集体智慧的体现。

很快，亚明与宋文治第一次紧密配合就开始了，这就是在美术史上产生了重大影响

的"两万三千里壮游写生"活动。此次写生活动最初是由亚明提倡的，得到了吕凤子、傅抱石的赞同和认可。1960年9月15日，傅抱石、亚明率领了江苏国画家一行13人，赴河南、陕西、四川、湖北、湖南、广东写生，历时三个月，行程两万三千里。此行的具体行程安排由亚明指挥，宋文治则担任后勤总管。去哪里、干什么是亚明决定，而整个行程的吃、住、行以及开会研讨等具体工作都是由宋文治负责的。与现在画家出去写生的条件相比，当时正值三年困难期间，各种条件都十分困难。沿途不光要找住地、可创作的地方，还要尽可能地保证老先生们的饮食。对管后勤的宋文治而言，这其中的困难可想而知。也正是在这几个月的写生活动中，作为主要负责人的亚明很好地策划和组织画家们的写生、交流和创作研讨活动，宋文治也很好地完成了后勤保障任务。在日夜相对的日子里，亚明和宋文治不仅加深了互相之间的了解，他俩默契的配合也逐渐形成。这次"二万三千里"写生壮举中，他们不仅很好地完成了工作任务，也迎来了各自艺术创作生涯中重要的转折点和里程碑。亚明在"二万三千里"写生中由一个专攻人物画的画家向山水画开始过渡。而宋文治此行后的一批精彩创作也使他一跃成为新金陵画派核心的代表人物之一，这一时期的作品也开启了他艺术创作上的第一个高峰。

此后，在画院多次的写生活动以及

1975年深入矿区体验生活，前排左一亚明、左三宋文治、二排左一魏紫熙、左三金志远

1980年探讨绘画，左起宋文治、金志远、亚明、钱松嵒、魏紫熙、陈达

1988年宋文治与亚明在美国

宋文治《山川巨变图》，1960 年
宋文治艺术馆（太仓名人馆）藏

日常工作中，都能看到他们一起的身影。在"文化大革命"期间，亚明与宋文治先后在高资蚕种场、桥头省五七干校、金坛等地学习劳动。从五七干校奉调回南京后，他们参加了省美术创作组。1973 年到 1975 年间，亚明与宋文治还多次深入矿区体验生活，密切相处了不少时间。

采访叶宁老师时他说道，亚明谈论宋文治时提到最多的就是宋文治的人品，说他没有邪气，为人谦和，没有架子，肯做事儿。而据宋玉麟回忆，亚明作为领导，也是抓大放小，气魄大，宋文治则是很喜欢做具体事情的人，相对比较细致，所以他们的配合就非常的默契，很互补，并且互相信任。由于工作的关系，亚明经常到宋文治家中，一起谈画画、谈工作。特别是"文化大革命"以后，

江苏省国画院恢复成立，钱松嵒任院长，亚明仍然是副院长兼书记，主持画院工作，而宋文治也被提拔为副院长。两人的工作交往更为密切。从采访中听到的他们为画院建设所付出的点点滴滴中，我深刻地体会到，亚明与宋文治不仅仅在性格上互补，更重要的是拥有共同的艺术理念和价值观。他们在对中国画的认知，以及对画院工作的很多问题的认知上都相当一致。因此，他们工作上的默契，以及私交甚笃就很自然了。当时民间有个口头禅，说画院就是"亚宋体系"，也就是说当时画院的一些走向和大大小小的事情，基本都由他俩安排决定。可以说到后来，他们是互相离不开的，宋文治需要亚明，而亚明也需要宋文治的辅佐。

从 70 年代末、80 年代初起，亚明与宋文

治经常一起参加各种艺术活动。1979 年，两人参加在香港举办的"金陵八家画展"；1980 年，亚明率江苏国画家一行 5 人赴日本举办"江苏国画院作品展"，亚明任代表团团长，宋文治、武中奇为副团长；1981 年，亚明与宋文治赴新加坡举办联展；1986 年，两人应美国通用公司之邀，赴美举办文化交流和作品观摩会；1988 年，两人应澳大利亚东方艺术馆之邀赴澳大利亚访问，并在悉尼大学讲学；1989 年，共赴香港参加"八家山水画展"……其中要特别提到 1981 年亚明和宋文治去新加坡举办的联展。在这个联展上，他们的作品受到当地民众的追捧，销售一空，收入将近 10 万元，回来后他们把所有的收入捐给了画院。当时画院正在搞建设，这部分钱就贴到基金里去了，比如当时运输建筑材料需要的卡车，就是用这个钱买的。从这件事情中我们也不难看出，亚明与宋文治在对画院的建设上倾注了极大的心血，并且是高度一致的，丝毫不计较个人得失。也许正是这份对江苏美术事业共同的热爱以及全身心投入，使亚明与宋文治真正成为情深意合的伙伴！

在对亚明和宋文治交往的研究中，亚明和宋文治的个体形象都更为丰满了起来。宋文治从进画院时仅为一个画师，到后来成为画院副院长，其中固然是宋文治靠自己的努力工作以及艺术造诣得到了大家的认可，但也与亚明敢于打破传统论资排辈、任人唯贤分不开。亚明一直对宋文治十分关爱，经常说："宋文治从一个小地方的中学教师能画到今天的艺术成就，不容易啊。一方面是党的培养，另一方面也是他自己的努力。"在宋文治受到

宋文治《蜀江云起图》，1979 年
宋文治艺术馆（太仓名人馆）藏

非议的时候，亚明总是维护他，从不说他一句坏话，是真正肝胆相照的挚友。

四十几年的交往中，亚明与宋文治共同经历了人生和事业的巅峰与低谷，在艺术创作中相互学习，共同成长，同时也为江苏的美术事业倾注了毕生的心血。这样的友谊在今天看来也是难能可贵，令人刻骨铭心的。在研究梳理他们的交往故事时，我常常不经意地感叹，感叹他们这一辈人之间的真挚感情，感叹他们可以用最真诚的心态对艺术热烈而执着地追求。这种人与人交往的单纯和美好真的令人向往，值得当下人深思！

王雪涛《高歌》（局部），1956 年
北京画院藏

观　点

医家之画
——诸乐三的中医、绘画成就

陈传席

诸乐三生于富裕之家，从小诗书相伴，后学医，有悬壶济世之心。在绘画上，他19岁时正式拜吴昌硕为师，吴昌硕对他的影响当然是很大的，但他绝不是只传承吴昌硕。诸乐三的医名、画名皆显赫，"医者，仁心"，"仁心"反映在他的画上，乃是"艺者，仁心"。所以，他笔下的画，法虽出于吴昌硕，但却没有吴昌硕的怒气、愤气，表现出的是柔和、清润之气息。

诸乐三《刘海戏蟾图》（局部），1946年

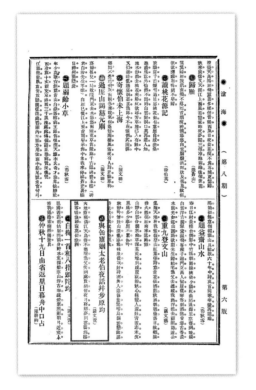

诸乐三《与缶庐姻太老伯夜话并步原均》，载于《沧海》1925 年第 8 期，第 5 页

诸乐三 23 岁小像，摄于上海

医学出身

画家通医的人很多，医家通画的人也很多。明代的王履（1332—1402）字安道，名列《明史·方伎》。和王履同列于《明史·方伎》者有著名医家李时珍、滑寿、葛乾孙、吕復，皆一代大医家。《明史·方伎》记王履的医学成就，"医家宗之"，又说："履工诗文，兼善绘事。尝游华山绝顶，作图四十幅，记四篇，诗一百五十首，为时所称。"王履的医和画及诗文，同时达到很高的水平。

清初的傅山，也是著名医家，"卖药四方"，同时也是著名书画家，名列《清史稿·遗逸二》。

当代医家兼画家更多，但最著名的当首推诸乐三。诸乐三虽然少时即好诗画书法，但他 17 岁奉父命攻读医书，19 岁即正式考入浙江中医专

诸乐三为《中医杂志》创刊号作贺词，载于《中医杂志（上海）》1921年第1期，第4页

诸乐三《噎膈反胃症候各殊而治法均忌纯用香燥论》，载于《中医杂志（上海）》1922年第1期，第24—25页

诸乐三《少阴负趺阳为顺释义》，载于《中医杂志（上海）》1922年第1期，第33—34页

诸乐三《神效生肌膏》，载于《中医杂志（上海）》1922年第1期，第78—79页

诸乐三《希斋临证笔记》，载于《中医杂志（上海）》1924年第12期，第13—14页

门学校，攻读中医内科，[1]19 岁又转学到上海中医专门学校。中医成为他的正式职业。他21 岁就为上海中医学会发行的《中医杂志》创刊号作贺词。同时他还在《中医杂志》上发表三篇文章，其一为《噎膈反胃症候各殊而治法均忌用纯香燥论》[2]《少阴负趺阳为顺释义》[3]《神效生肌膏》[4]，说明他学医也是颇有成就的。其后，诸乐三经常在《中医杂志》上发表医学的论文，吴昌硕看到他的医学成绩，还赠诗《期望》云："何药能医国，踌躇见性真。后天扶气脉，本草识君臣。鹤洛有源水，沪江无尽春。霜红寻到否，期尔一流人。"也很重视他的医术。

在上海美专任教授期间，他还热心于医学，还帮助名医家丁甘仁编著《思补山房分类医案》，并撰前言。又摘录大麻金子久遗著《向松堂医案》。

1923 年，诸乐三以优等成绩毕业于上海中医专门学校。当年毕业生，优等生仅 21 人，诸乐三名列第四人。[5]

诸乐三从上海中医专门学校毕业后，又师从上海著名中医小儿科专家徐薪荪，学习儿科一年。

诸乐三 25 岁时，正式供职于上海广益中医院，任内科医师，坐门诊，前后又发表很多中医论文。后来，又应中医学校同学管大雄之邀，在吴兴新市镇挂牌行医，暑期又在家行医。

这都说明，诸乐三正式职业是医生。如果记史入传，诸乐三的传记也应列入《方伎》，也应该像王履一样，"医家宗之""兼善绘事"。

绘画之路

但诸乐三的画名当时亦很显赫。

一般认为，诸乐三的画只是传承吴昌硕的，当然他受过吴昌硕的亲炙，他在考入浙江中医专门学校之后又转学到上海中医专门学校。之后于 1920 年 19 岁时才正式拜吴昌硕为师，吴昌硕对他的影响当然是很大的，但他绝不是只传承吴昌硕。吴昌硕一生只画花卉，偶作山水，人物、鸟虫，他都不会画。据专家们研究，他署名的人物、鸟虫画、大多都是他人代笔的。而诸乐三是会画人物、禽鸟的。他的画中有一幅辛巳（1941）画的《雊鸡竹石图》，上题："水石清寒开晓霁，竹阴低护彩禽楼。辛巳岁阑拟北宋法，诸乐三。"这幅画，他说是"拟北宋法"，实际上是学任伯年的，当然也不全同于任伯年。在题为"鹤寿。乙酉腊月，诸乐三写"的《梅鹤图》中，显然也是学任伯年的。吴昌硕不画八哥，诸乐三画中的八哥，大多学任伯年，而又有变化。

诸乐三从小就会画人物，他的人物画，其中一幅上题"王摩诘见一老姥卖松竹图……乙酉冬仲临改七芗本，诸乐三。"画于 1945 年，说是临改琦（字七芗）的，但线条高古，似五代周文矩。总之不是学吴昌硕的。在 1946年画的《刘海戏蟾图》中，上题："钱可通神蟾通仙，胡芦流出金丹烟……丙戌凉秋写罢自读并书长句补空。诸乐三。"这幅画受了清人的影响，但笔法全出于他个人，从书法中来，也不是学吴昌硕的。

诸乐三在中年之后，对传统绘画理解愈深，他时时跳出吴昌硕，路子也愈走愈宽，

诸乐三《雉鸡竹石图》，1941 年

诸乐三《鹤寿图》，1945 年

私人藏

诸乐三《八哥图》

他画了很多山水画，大多是学黄宾虹的，有一幅山水画上题："烟霞洞，一九五四年十一月乐三写。"显然是学黄宾虹的。图上有王伯敏题句："乐三翁画学吴大聋，此帧《烟霞洞》则以黄宾翁之法写之也。辛巳，王伯敏恭书。"王伯敏的看法是对的，诸乐三学的是黄宾虹细笔一路，是黄氏的精品画，这里显示他的鉴赏力之高。黄宾虹的画在当时，除了水平十分高的画家和鉴赏家之外，一般人看不懂，也就不承认他画得好，更没有人学他。诸乐三在1954年便认识到黄宾虹书画的功力之深，说明他的眼光是十分高的。

另一幅山水画，上有黄宾虹 1949 年题字："笔力
遒劲如古籀大篆，极槃礴之能事。乐三先生此帧最为
合作。己丑八十六叟宾虹题。"这一幅山水画，乍一看，
以为是黄宾虹的作品，显然是临摹黄宾虹的。而拿给
黄宾虹题字，也有向他请教之意。黄宾虹题字，也给
他评价甚高。在题为"独秀峰在雁岩、灵岩寺西北近
峰处……此帧雨后得之，乐三并记"的写生山水，用
的也显然是黄宾虹法。

诸乐三后期的山水画，学黄宾虹而笔法偏于细秀，
说明他对传统理解更深了。

他后期学篆书，也摆脱了吴昌硕法，而近于黄宾
虹法了。

跳出师法

诸乐三的花卉画，还是学吴昌硕的居多，但是二
者也有区别。吴昌硕的画最见其性格者是浑厚中见苍
猛雄劲，如他 1916 年画的《梅花帐》，上题"卅年学
画梅，颇具吃墨量。醉来气益粗，吐向苔纸上……丙
辰四月维夏吴昌硕。"画中梅干用浓墨枯笔横扫猛刷，
显得特别雄劲苍猛。又如他画的风竹，都是刚猛雄劲的。
他画的各种花卉的枝干，最后加的笔，大多都是苍劲
刚猛的。

而诸乐三的花卉，学的是吴昌硕，用笔方法基本
一致，但诸画浑厚中见柔润清秀。如他 1948 年画的绣
球花，上题"柏如仁兄雅正"，"……戊子三月邻园绣
球盛开漫然写此，时客孤山，乐三"。笔法全似吴昌硕，
但笔墨却没有吴昌硕的苍猛刚劲，而是柔润清新。再
如 1954 年（甲午）画的牵牛花，送给蒋风白的，上题
"袅袅柔条曼翠缨……风白先生教正，甲午秋抄，诸乐
三"。用的是吴昌硕法，但用笔柔润清秀嫩逸，却完全
不同于吴昌硕。

诸乐三《美人蕉图》，1954 年
中国美术学院藏

再如他1954画的《美人蕉》，上题"花叶互展玲珑风……"同年画的水仙茶花扇面，上题"甲午立夏前三日作于西泠，诸乐三"。虽然画法一眼看出学吴，但精神状态完全不似吴，没有苍猛雄劲，只有柔润清秀。他1959年画的紫薇、麦冬、红柿，上题"窗外紫薇盛开，与案头清品合而图之，五九年于宝石山舍，乐三"。这幅画用的也是吴昌硕法，尤其是花盆中的麦冬草，和吴昌硕的画法无二，但精神状态却完全不同，柔润清淡，更具书卷气。

诸乐三于20世纪50年代后，也吸收潘天寿、齐白石等人的画法，他画中的水仙都显然似潘天寿，而不似吴昌硕。齐白石画中的静谧、清纯，他也吸收很多。所以，他并不是仅仅传承吴昌硕，而是有所变化的。

医（艺）者仁心

诸乐三学吴昌硕，笔法似而精神状态不似，应和他的"医者，仁心"有关。

吴昌硕身上有一股侠气，有强烈的报国之心，当国家遇到外敌侵略时，他义愤填膺，仗剑从军，奔向前线，准备杀敌报国，后因故而回，但他的血性未泯。《诸乐三年谱》"1924年，甲子，民国十三年，23岁"中记载"缶翁在书房里曾与之闲聊，从幼年安吉逃难，避太平天国之劫，到目前国家军阀割据，时有摩擦，日本人也窃窥东北，天灾人祸，满目苍凉……"诸乐三还作《步缶庐姻太老伯夜话并步原韵》一诗云："大地疮痍满，江天鸟倦不。独醒渔夫笑，到处贾胡留。"吴昌硕83岁（离去世还有几个月）还感慨国事，痛恨日本人"窃窥东北"，他胸中时时有

诸乐三《案头清供图》，1959年
中国美术学院藏

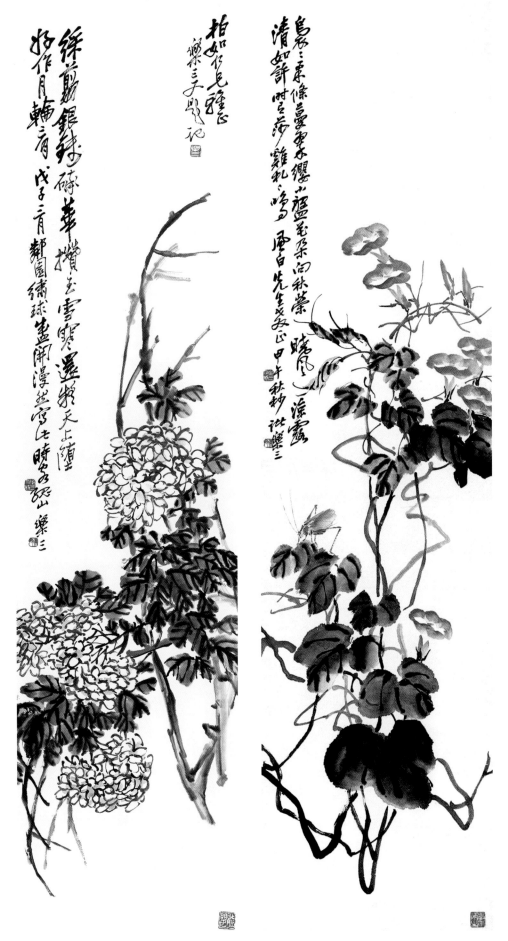

诸乐三《绣球花图》，1948 年
私人藏

诸乐三《牵牛花图》，1954 年

一股怒气，发之于画，故多有苍猛雄健之笔。

而诸乐三生于富裕之家，从小诗书相伴，后学医，有悬壶济世之心。传统中医，首先学习医德，中医有："医者，仁心也""医者，仁术也"。汉代名医张仲景著《伤寒论》，其序云"上以疗君亲之疾，下以救贫贱之厄。"万全《育婴家秘·鞠养以慎其疾》中说：

> 医者，仁术也，博爱之心也。当以天之心为心，视人之子，犹己之子……故曰：古来医道通仙道，半积阴功半养身。

夏良心《重刻本草纲目序》云：

> 夫医之为道，君子用之于卫生，而推之以济世，故称仁术。

叶天士《临证指南医案·华序》有云：

> 故良医处世，不矜名，不计利，此其立德。挽回造化，立起沉疴，此其立功。

孙思邈《备急千金要方·论大医精诚》云：

> 若有疾厄来求救者，不得问其贵贱贫富，长幼妍媸，怨亲善友，华夷智愚，普同一等，皆如至亲之想……如此可做苍生大医，反之则是含灵巨贼。

李梴《医学入门·习医规格》云：

> 如病家赤贫，一毫不取，尤见其仁且廉也。

陈实功《医家五戒》有云：

> 一戒，凡病家大小贫富人等，请观者便可往之，勿得迟延厌弃。欲往而不往，不为平易。药金毋论轻重有无，当尽一例施与。

中医医者，首先讲医德。西医医者，必须先交钱，后看病，而且索费甚贵，所以西方医生，一般都很富，乃至医生就是富人的代名词。中医是"仁术""仁心"，以治病救人、悬壶济世为本心，不得过多收费。所以，诸乐三医术虽很高明，但收入并不太高，他还要卖画为生，这就是"医者，仁心"。"仁心"反映在他的画上，乃是"艺者，仁心"。所以，他笔下的画，法虽出于吴昌硕，但却没有吴昌硕的怒气，愤气，表现出的是柔和、清润之气息，这和他的"医者仁心"的精神状态相符。风格就是人的性格，性格如此，画也如此。

但诸乐三毕竟在医学上下过很大工夫，花去很多时间，这也影响他的艺术的发展和精益求精。否则，他的书画篆刻必能取得更大的成就。但他也在医学上为后人留下一笔财富，这是不可忽视的。

---

1 参见诸乐三《我的艺术生涯》，刊于浙江《文化娱乐》1981 年第 5 期。
2 见《中医杂志（上海）》1922 年第 1 期。
3 同上。
4 同上。
5 参见《申报》1923 年 7 月 19 日，第 18 版《纪各校之毕业礼·中医专门》。

观 点

诸乐三篆刻艺术与印学教育述略

沈乐平

诸乐三其印学承吴缶老衣钵，得其精髓，又能自出机杼，展现自己的精神面貌与艺术追求，形成自己的篆刻风格和艺术语言。同时，他也是中国高等书法篆刻教育的先驱者及奠基者，可以说是中国当代艺术教育史中不可或缺的重要人物。

诸乐三　吴溪草堂　1935 年
吴莆之纪念馆藏

诸乐三先生在家中刻印留影，20世纪50年代

　　诸乐三少年时便随吴昌硕学书习印，精勤不懈、目识心记，同时又能深入秦汉古玺而化出，再参以卜骨、权量、碑版等文字的运用，广采博收，融会贯通，终成雄浑朴茂、刚正博大、古拙内秀的篆刻艺术风貌。

　　宋元以降，文人士大夫开始涉足印章艺术，篆刻作为一门独立的艺术门类，其欣赏价值由此也得以凸现，后经明清诸家的不断探索与推动，从"印中求印""以书入印"到"印外求印"，篆刻"观念"不断拓展、深化，篆刻艺术的创作维度亦随之丰富，赋予其更加多样化的形式语言及审美内涵。也因如此，明清流派印成为继秦汉玺印之后的又一高峰，而吴昌硕可说是这一高峰中的重要代表人物。诸乐三则承其衣钵，又羼入时代特色与民族精神，推陈出新、自出机杼，从而展现出诸氏书印独特的精神面貌与艺术追求。

诸乐三篆刻面貌的变化

　　以诸乐三不同时期篆刻面貌的变化来看，其印风之形成可大致

诸乐三《希斋印存》封面，1936 年

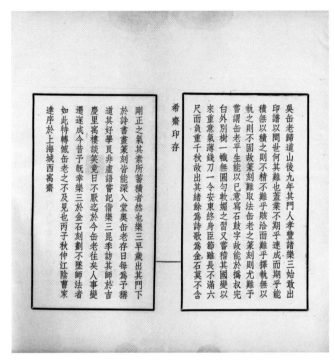

诸乐三《希斋印存》曹拙巢序，1936 年

诸乐三《希斋印存》部分印面、边款，1936 年

诸乐三《希斋印存》内收录 1935 年为吴莱之刻
吴黮草堂　印面实物
吴莱之纪念馆藏

概为三个阶段：师事缶翁、广收博采、推陈出新。

　　诸乐三幼年受乃父诸献庄启蒙，13岁时便学习雕刻，后学刻石章，对篆刻产生了浓厚兴趣。17岁时偶得吴昌硕《削觚庐印存》，爱不释手，同一方印常临数次，直至满意而止；从此，以缶翁为榜样，以做书画印家为理想，然诸父劝其学医，以安于生计、求一技傍身，诸乐三遂于18岁时至杭州中医专门学校，但课余仍醉心于书画篆刻，不意放弃学艺之路。故诸乐三与其兄诸闻韵商议后便于次年转学至上海，以求学医、学艺能二者兼得。诸闻韵时任吴昌硕孙辈的家庭教师，并住于吴家。诸、吴两家为姨表亲戚，诸乐三称吴昌硕为姨公，至上海时便同住吴家，从而有机会经常观摩缶翁治印挥毫。吴昌硕也因其勤奋与天赋，不久便将诸乐三收入门墙。数年间，诸乐三听从缶翁教诲，深入学习秦汉玺印，心摹手追。不仅以缶翁之意趣为主旨，同时又兼具古印之精神，这种风貌一直持续至其四十岁后。

　　诸乐三尝试摆脱吴昌硕风格对他的影响，逐渐进入广取博收的阶段，应是从1945年抗战胜利后开始的。此前，因为战乱波及、社会动荡，生活不定，治印较少。但也可能是此一期间创作上的被迫停滞，使诸乐三对篆刻艺术进行了更冷静、更深入的思考，他开始尝试篆刻风格的多元化取向。抗战胜利后，他力求打破局限，在篆刻创作中上至金石、碑版、权量、砖瓦、泉币，下至明清流派诸家印风均有涉猎、研究与借鉴，从而找到了更新、更宽的创作之路。从这一阶段诸多款

诸乐三　破常规　1958 年
诸乐三艺术馆藏

诸乐三　潘寿　1966 年
私人藏

识中可见，如"仿古泉文而笔迹略变""二字有气魄颇得汉碑额篆意""拟汉砖文""楷书姓印略参汉砖文意"……诸氏将不同领域、不同元素、不同风格的文字运用于篆刻中，取其精华，融会贯通，取古而不泥古，求新但不造作，别开生面，也为其晚年篆刻风貌的推陈出新奠定了基础。

　　1949年后，全社会进入高速发展的时代，诸乐三的艺术创作也融入了鲜明的时代烙印，如1958年自勉而作之"破常规"，1966年为潘天寿参元押风格所刻"潘寿"一印。从中可见，诸乐三晚年一直致力于不落窠臼，反映时代精神及个人审美意趣的艺术创作、从而形成了独具特色的自家篆刻面貌。

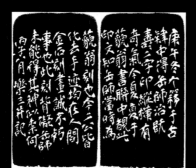

诸乐三　希斋　1946 年
诸乐三艺术馆藏

诸乐三　能婴　1948 年
诸乐三艺术馆藏

诸乐三　长乐　1958 年
诸乐三艺术馆藏

诸乐三　既寿　1958 年
私人藏

诸乐三　诸　1958 年
私人藏

故而，论及诸氏篆刻艺术的风格特点，在不同时期各具面貌——既有连贯的逻辑性，亦有层次的递进性。当然，这与其师承关系、金石资料的涉猎、交游活动等等方面皆有密切关联。在诸乐三的印作中，既呈现出秦玺汉印之意，又得各类金石文字之趣；整体而言，他表现出了对吴昌硕印风的继承与创新，从缶翁之门入，但自出机杼，最终形成了自有的篆刻艺术语言。我们将其概括为以下方面，略述如次。

首先，其篆刻线条多以粗重、厚实为之，在用刀上冲切并举，兼顾冲刀之"利"与切刀之"涩"，使线条层次分明、自然大方。同时，大胆落刀，有意保留刀石冲击、碰撞而产生的崩裂、残破效果，使线条之金石意趣颇为浓郁、苍浑而朴厚。同时，诸乐三篆刻线条所呈现出的视觉效果不仅仅是对刀法的灵活运用，更加入了"笔意"的表达，在"刀味"与"笔意"之间对"度"的掌控可谓游刃有余，在迟涩与流动之间，其线条既具雄浑朴拙之古意，又兼灵巧生动之笔意——由此呈现出圆浑峻厚中见虚灵、粗犷苍劲中见精微的风格特征。

其次，在字法上善于借鉴各类古典元素，再加入自己的审美追求而形成独特而统一的风格特征。如前述，他早期深入秦玺汉印，中年则广开眼界、广泛涉猎，甚至有楷书和简化字之使用，使其篆刻风貌更加丰富多彩。但诸氏并不是对不同领域文字的照搬挪移和简单模仿，而是将不同"因子"经过自己的"消化"后融入篆刻风格的主基调中。譬如1977年所作"百花齐放"一印，款曰："以甲

龟文入印，参以猎碣笔意成之。"以甲骨文入印之印人不少，但多是单纯保留或曰"忠实"于甲骨文本身之线条属性与造型特点。诸乐三则不然，他并不受表象之约束，化而用之。再如"新意"一印，"意"字取邓石如"意与古会"之法，而"新"字则打破完白手法，将多变的字法与其刀法、章法相配合，体现出其个人气质及审美追求。

再次，章法布局方面，追求统一和谐、团结一气、虚实相生的艺术表现。诸乐三曾言："吴昌硕先生常对我说，全印要团结一气才算好。"故其在篆刻章法的处理上亦秉持"团得拢"的思想，通过对印文之间及印文与边框之间关系的紧密联系，甚至是相互黏连、贴合之手法，等等。在此之上，充分利用线条及文字的可塑性以及空间之开合、重构，使章法紧密中有疏宕，稳重中见奇崛，分朱布白之间故能虚实相生。

其次，在印文使用上，凸显时代印记及个人感悟。诸氏所刻印文，并非全是摘选古人诗词语句，除去姓名斋号印，多为有感而作。诸乐三于1963年发表的《篆刻的新生》中讲道："篆刻，是我国劳动人民智慧的结晶……可是，在旧的时代里，篆刻艺术和广大劳动人民还是有距离的……把它从少数知识分子的书斋、案头解放出来，成为社会主义人民文化的一部分，使它在社会主义大花园中，开得更鲜艳，更灿烂，更瑰丽！"他身体力行，创作了一批"从生活中来""力争上游""攻关"等具有鲜明时代烙印内容之作，将篆刻艺术与社会生活紧密联系起来。同时，亦有诸多如"宁做我""破常规""敢为"等句，刻以

自勉。诸先生谓："由于我不是依靠卖印谋生，因而在某种程度上，还肯下点研究功夫。"也正是这份对篆刻艺术的纯粹追求，才更加充实了其印艺之内容核心，纯化了其篆刻之独特品格。

中国高等书法篆刻教育的先驱者

纵观中国近现代篆刻艺术发展史，从严格意义上来观照诸乐三的篆刻艺术，其篆刻风貌可能说不上是独树一帜或标新立异，但其贡献不仅仅在于其自身对于篆刻艺术的探索，更多的是其作为篆刻艺术的传承者和发扬者之重要意义及影响——1922年，诸闻韵赴日本考察教育，由诸乐三代其授上海美专的课程，自此，诸乐三便开始了高等美术教育之路。次年，与潘天寿协助诸闻韵在上海美专组织筹办我国第一个中国画科，于上海中医专门学校毕业后，又被聘为上海美专教授，并先后兼任于上海艺术专科学校、昆明艺术专科学校、上海中华艺术大学等校。1938年，诸闻韵病重，其遂至湖南沅陵，为兄医治，并代授其国立艺专课程，从此便与国立艺专结下不解之缘。次年，潘天寿邀诸乐三于国立艺专任教，但因故未能成行。直至1946年，方正式受聘于国立艺专、上海美专。次年专任杭州国立艺专教师。之后的三十八年间，虽经历诸多磨难，始终坚持在教学岗位，对待艺术与教学始终如一。

1963年，潘天寿、陆维钊、沙孟海、诸乐三创办了新中国高等美术教育史上第一个本科书法篆刻专业。1979年，招收第一届书法篆刻研究生班，培养出朱关田、王冬龄、邱振中、祝遂之、陈振濂等一批当代书法篆刻的核心力量。诸乐三在其长达六十余年的教学生涯中，奉其毕生精力推进中国高等美术教育特别是高等篆刻教育的发展与完善，可以说是中国篆刻教育的先驱者及奠基者，在中国当代艺术教育史中占据极其重要的地位。

诸乐三弃医从艺，于上海美专授课之始，便已教授篆刻课程，数十年的教学经验，使之形成了较为完整的篆刻教学体系。在首届本科书法篆刻专业创立之初，诸乐三便专门负责起草篆刻教学大纲，可以说是他在篆刻技法与印学理论教学上的经验总结——而这也正是为中国高等篆刻与印学教育体系的构建奠定了扎实的基础，从而推动了篆刻艺术从"小技"到"大道"的转型。

在具体篆刻技法教学方面，诸乐三结合自身学习经历，尤其是吴昌硕对其篆刻学习的指导与启发。他在教学中，格外强调学习艺术要打好扎实的基础。吴昌硕曾反复对其教导："图章主要不是刻，而是首先要写篆字。不写字，不成功。要多写字，才能刻得好。""还是要多写篆书，还要临习古印"……诸乐三手稿《如何刻印》中亦将"练习书法"和"多读古印"两点置于首要位置。日常授课中，亦多引用缶翁印学观点，不仅是技法本身的指导，更多的是吴缶老对篆刻艺术的思考与总结，诸如"篆刻首要在章法""全印要能团结一气""大胆下刀，小心收拾"等等，不胜枚举。诸氏将其师承与交游所得，倾囊相授，将前人经验经过总结和梳理后付诸教学之中，因此，他不仅仅是对传统篆刻教学的继承与

篆刻教学大纲

一、理论常识方面

1. 着什么要学习刻印的意义
2. 印章的起源及增发
3. 印章的制度及流派
4. 风格问题

二、技法实习方面

1. 墨钩古印法（即摹印，使纸了解刀法与笔意的道理）
2. 执刀运刀法（附章及处理石屑问题）
3. 磨石章法
4. 临刻古印法（将摹的印用石来刻，使在纸上表现）
5. 分朱布白法
6. 击边法
7. 刻边款法
8. 拓印法

篆刻教学大纲

一、理论常识方面

1. 着什么要学习刻印的意义
2. 印章的起源及增发
3. 印章的制度及流派
4. 风格问题

二、技法实习方面

1. 墨钩古印法（即摹印，使纸了解刀法与笔意的道理）
2. 执刀运刀法（附章及处理石屑问题）
3. 磨石章法
4. 临刻古印法（将摹的印用石来刻，使在纸上表现）
5. 分朱布白法
6. 击边法
7. 刻边款法
8. 拓印法

诸乐三《篆刻教学大纲》手稿，20世纪60年代

发扬，更是篆刻教学从"私塾化"转向"系统化"和"现代化"的起点。同时，注重教学相长，以自身对篆刻的经验、体悟、探索与思考去启迪学生。诸乐三曾讲："自己搞创作不能与教学生完全脱离，就是说教学与创作要联系，更不能单一地为了创新而创新，自己创作的作品，要使学生能收到教益和借鉴，要被广大群众所能接受，否则也无多大意思……"诸乐三在教学中常常言语不多，但所"提"所"点"却甚为精要，并参以示范讲释，启发诱导结合言传身教的教学方式，使学生逐渐形成善于思考、善于分析、善于总结的习惯。诸氏深谙艺术学习并非如理工科类学科的学习，"精神文明不比物质文明的使人容易了解"。哪怕是具体具象的篆刻技法，但技法之下形成的点画线条、章法空间，所传达出的气息和感受并非仅仅通过语言就能准确传达的，更需要使学生养成捕捉敏锐感知的能力，才能真正在创作中"表达思想，刻画精神。"授课中启发诱导之外，在课外亦是身体力行。其于 1946 年往返于沪杭两地授课之时，便开始勾摹《缶庐印存》，历经廿六、七年时间勾摹并作跋、注解或个人心得。诸乐三对缶老印艺的深入研究，不断加强了自身对篆刻的认知，又给学生以表率和启发。诸乐三拟定的篆刻教学大纲中，在技法实习方面有"墨钩古印法""执刀运刀法""磨石章法""临刻古印法""分朱布白法""击边法""刻边款法""拓印法"等诸多具体展开模式，甚为详尽。就当时而言这是一套较为完整而系统的篆刻教学模式，展现了一种方法论的思维——注重学习之时序性，注重教学难易度之循序渐进。

面对不同的学生个体，他在教学中或具体讲解技法要点、或启发学生独立思考分析、或提示古典作品风格内核……无论教学方式还是临本选择，也并非程式化套用，而是取其所长，因材施教。正如其所言："各人也各有差别，因人而异才好。"

诸乐三《希斋印屏》，潘天寿 1965 年题
浙江省博物馆藏

诸乐三先生在家中刻印留影，1983 年

实践之外，在篆刻教学大纲中，诸乐三亦颇重理论知识，如："为什么要学篆刻"之思考、"印章起源及转变"和"印章的制度及流派"印学史之研究，以及"风格问题"之延伸。几个块面，兼顾广博深入，理论实践互动。诸乐三篆刻课讲稿不仅涉及印章起源、转变和印章的制度及流派的大脉络，同时对金石学、文字学等相关领域皆能兼顾，以拓宽学术视野，丰富知识结构，为学生深入研究打下厚重基础。与此同时，诸乐三在教学中重视由现象观其本质：通过印章史的繁荣与衰败之"线"，思考其内在之影响因素；通过各家之篆刻风貌比对，解析成败之缘由。深入思考以指导实践，进而引导学生批判地继承。再就是他一直提倡的广收博采，融会贯通。不单纯注重印学理论本体内的研究，诸氏亦重诗、书、画、印互通，理论实践打破壁垒，发现共性，抓住本质。

因此，我们认为诸乐三的教学与其实践是密切相关的。由专精至博采，互相生发、互补长短。吴昌硕之前，将诗、书、画、印结合互通者实不多，诸乐三则耳濡目染，深入探索，继承吴昌老熔于一炉的艺术形式与艺术精神，诸先生尝谓："没有书法的修养，在金石篆刻中就不会有墨气；反之在书法上，若没有金石篆刻的实践经验，书法上就不会产生古拙的金石味。"又如在国画与篆刻关系方面，其手稿《篆刻与中国画的关系》中亦论证二者之间互助互通关系……诸乐三的艺术实践并非仅在贯通不同门类之关系，更是真正将内在精神和外在面貌相统一，不仅形成了自己朴拙沉雄之艺术风貌，也将这一思想深刻融入教学之中。

诸乐三先生一生倾注于艺术探索与教育之路，时至今日，仍以其非凡的影响在中国高等艺术教育史上占有浓墨重彩的一笔，而这种对艺术的无限热忱和为中国艺术教育事业献身的精神，也感染着一代又一代的后来者！

观 点

理解的循环：沙孟海与井上有一的大字书法比较研究

陈 磊

本文从西方解释学核心理论"理解的循环"的视角，以中国书坛泰斗沙孟海与日本现代艺术家井上有一的大字书法为比较研究的对象，阐述两位巨匠在大字书法上的卓越表现和异同之处，探寻两国书法在 20 世纪不同的变革之路。

什么是"理解的循环"？理解的循环是我们与理解对象之间的相互作用而不停往返循环的过程。它体现了整体与部分之间相辅相依的辩证关系，主要包含这样几种循环关系：一是互文性，即理解对象与其他理解对象之间的关系；二是理解对象内部的部分与整体之间的关系；三是理解对象与其存在的历史文化背景之间的关系；四是理解对象与作者之间的关系。

中国书坛泰斗沙孟海与日本现代艺术家井上有一，是两国书法史上不可或缺的重要代表人物。两位巨匠都喜作擘窠大字，大墨纵横，气势磅礴，有力能扛鼎之势，观者无不为之震撼。下面结合理解的四个循环关系做一比较分析。

互文性

互文性（intertextuality），也称"文本间性"，通常用于指示两个或两个以上文本（作品）间发生的互文关系。当一件作品不断被观看、阅读的过程中，新的意义在一次次的叠加

沙孟海题杭州灵隐寺《大雄宝殿》
沙孟海书学院藏

中被繁衍出来。这是一个永无休止的螺旋再生的过程。本节论述沙孟海和井上有一的大字作品与其他非大字作品之间的互文关系。

1. 从数量上看

《沙孟海全集》(2010年版)共7卷12册,其中《书法卷》共3册,由西泠印社出版社出版,收录沙孟海书法作品300余件;《井上有一全书业》(1998年版)共三册,由日本UNAC TOKYO株式会社出版,收录井上有一书法作品3238件。这两部是迄今为止最为全面系统的沙孟海和井上有一书法作品的图录资料,对研究具有不可替代的意义。

一是大字作品在他们全部书法作品中所占比的比重都大于40%;二是井上有一的大字作品所占的比重接近70%,高于沙孟海的比重。这两组数据不仅客观地证明了两位不愧为大字书法的卓越实践者,也反映出大字书法对两位巨匠的重要意义。大字书法作为井上有一最得意、最重要、最具影响力的创

作武器,超越了文字本身的制约和传统书法的束缚,建立了自己独有的艺术秩序。沙孟海在数量或比重上虽不及井上有一,但他的创作方式更为多元。陈振濂在《沙孟海书法篆刻论》一文中写道:"如果没有榜书这一绝招,沙孟海书风在当代书法史上的地位将会受到严重影响,这正是他对书坛的最大贡献。"除了沙孟海,20世纪的中国书坛以"榜书独步天下"而驰名于世的至今尚未有所闻。

2. 从呈现方式上看

有别于传统意义上的书斋案头,也不同于现代意义上的展厅白墙,沙孟海的大字书法基本集中于海内外遍布的寺宇庙堂、关隘要塞、园林景观和名山大川的匾额、中堂以及摩崖刻石三个载体上,如东京早稻田大学《百年树人》、绍兴兰亭《王右军祠》、杭州灵隐寺《大雄宝殿》。这些雄浑刚健、气势磅礴的作品,以行草书为主,内容多为建筑物和旅游景点的名称,字数一般都在七字以内,

井上有一《鸟》
私人藏

单字字径为 30 至 60 厘米。多是沙孟海根据建筑形式需要，在纸上按原寸进行量身订写，"以大写大"，与建筑形式具有内在统一性，融合了书法美和建筑美，是留给世人的宝贵遗产。

井上有一的大字书法，字数一般在一至四字以内，内容以禅语佛偈为主，单字字径较大，多在 70 至 100 厘米之间。有的表达一种激烈的情感，有的追求一种"言有尽而意无穷"的意象，有的突破传统书写的桎梏，笔墨淋漓，随心所欲。他的呈现方式虽然在形式上酷似日本少字派书法，但他的作品是以重复书写相同内容的字，一组一组连续排列于展厅中呈现的，如《贫》《爱》《现前》《一匹狼》《鸟》。

透过互文性，我们看到尽管在数量和呈现方式上各有不同，然而沙孟海和井上有一的大字书法所体现的互文关系是一个辩证统一的整体，都以一种特定的联系而衍生各自的意义。他们的大字书法都拥有简洁的形式、浓重的笔墨，所需要的已然不是文人士大夫式的尺牍挥洒、条幅纵横的案头功夫，而是在偌大空间上"惊天地、泣鬼神"的艺术表现。与传统书法相较，他们更加贴近现时生活，更适合于建筑和展示空间的融合，也更符合当代人的审美习惯。所体现出来的艺术张力与表情，不是寻常的书法所能想象的，是具有创新意义的书法形态，顺应了时代发展的需求。这一点，笔者在下一节中着重论述。

部分与整体的关系

我们想要比较沙孟海与井上有一的大字书法，必须把握好部分与整体的循环关系在作品中的特殊表现。本节从工具材料、笔法特征、造型构图、章法构图四个角度详述两者的异同之处。

1. 工具材料

工具材料的选择，在沙孟海和井上有一的大字书法实践中具有重要意义。2016 年，笔者在华茂美术馆策划组织了一场特别的展览——"看得见的思想：沙孟海和井上有一书法作品联展"，零距离接触了两位艺术大师的大字作品，为工具材料的比较研究提供了有力支撑。需要说明的是，工具材料的选择是一个不断试验的过程。不同阶段的作品所使用的工具材料并不相同，这是在反复推敲的过程中必然产生的结果。为了配合大字书写，沙孟海和井上有一对笔、墨、纸、砚进行了"大胆的革新"。本节以此为研究对象，逐一进行比较。

（1）关于纸的选择

从材质而言，沙孟海和井上有一所使用的纸多是熟宣。为何使用熟宣而非生宣？原因有二：一是熟宣经过上蜡、砑纸、施粉、上胶、捶打等工序处理后，纸张在与笔墨摩擦接触的过程中不吸水、不洇墨，能呈现出浓而厚、实而清的视觉效果。上文提及沙老的大字书法多用于匾额和摩崖刻石之上，使用熟宣为工匠镌刻提供了实用的便利。二是制作熟宣所使用的大部分为皮性纸，破损率比较低，更为厚实。大字书法的笔墨一般都比较厚重，且纸张尺寸巨大（沙老和有一都曾请造纸厂定制过长宽各达 2 米以上的特大宣纸）。熟宣能更结实稳固地承载笔墨与纸张之间的摩擦力，不易破损。

（2）关于笔的选择

在沙孟海书学院二楼展厅里，静静地躺着一支当年沙老为拍摄纪录片《书法家沙孟海》现场书写那件旷世之作《龙》时挥动过的如椽之笔。导演吴龙友告诉笔者，该笔是由杭州邵芝岩笔庄用鄂尔多斯马尾特制的，杆长 75.5 厘米，毫长 24 厘米，笔头口径 11

厘米，重达 5 公斤。关于井上有一使用的毛笔，笔者在纪录片《巨匠：井上有一》中找到了线索。影片中有一手里挥动的巨笔，笔杆和笔锋的长度虽不及沙老的那支，但笔腹饱满，蓄墨量大。具体尺寸不得而知，有待日后进一步考证。据井上有一生前挚友海上雅臣回忆，他的毛笔也是用马毛特制而成的，柔软而富有弹性。

（3）关于砚的选择

笔者从影像资料中得见，两位大师挥毫时使用的都不是砚台，而是水桶。原因很简单，不仅因为大字书法实践所需要的墨量巨大，更因为创作过程中往往须拖着一支十几斤重的蘸着厚墨汁的巨笔在铺地的宣纸上走三、四步才能完成一笔线条。普通的砚台不适宜在如此巨大范围内展开空间移动，故而必须用轻便且容量巨大的水桶来替代砚台。

（4）关于墨的选择

看井上有一的书法，往往运笔的轨迹清晰可见，笔墨跃然纸上仿佛能听得到他的喘息，这与他使用的墨的独特性有着密不可分的联系。究竟有何独特性？在他的评传《书法是万人的艺术》中，有一段文字解开了这个谜团："有一用大笔蘸饱墨书写，纸上堆砌厚厚的墨，用动物胶无法完全固定。只要用普通墨书写，同样的问题今后还会出现。必须从根本上解决。于是有一想出将水性黏胶溶解加入碳粉的特制墨，解决了问题。"[1] 首先，沙老使用的墨和市面上的普通墨一样，是由动物胶、水、碳黑粉末调和而成的。然有一的墨是将水性黏胶溶解稀释后和碳黑粉末调和而成的。特别之处在于用水性黏胶取

沙孟海拍摄纪录片所用之笔

代动物胶，使他的墨具有更强的黏度和致密度，从而使墨色的立体感和层次感更强。其次，这种特殊的墨能够解决一个令书法家在进行大字书法创作时常常遇到的头痛问题——龟裂。水性黏胶能更稳定地固定住厚厚堆砌的墨，从而有效地避免了墨在干燥后所产生的龟裂问题，这是井上有一智慧的发明。

2. 笔法特征

　　沙孟海和井上有一的大字书法都有着强烈的线条表现力。虬曲蜿蜒、拙朴有力的线条质感所展现出来的强弱、轻重、缓急、浓淡，无一不表现出两位艺术大师创作时的情感和思想，这是他们的共同轨迹。线条表现力很大程度上跟笔法特征有关。当代英国艺术史家诺曼·布列逊（Norman Bryson，1949—？）在他的著作《视觉与绘画：注视的逻辑》中提出了"展演性"和"泯除性"这对概念，分别概括了中西方传统绘画所具有的不同笔法特征。何为展演性？何为泯除性？布列逊指出："中国传统绘画取决于对指示性（dictic）关系的承认……总是选择那些最能允许画锋笔触保持完整性与可见性的形式……作品随

其笔触所至不断地展示出来。"[2] 由此可知，中国传统绘画的笔法特征之所以是展演性的，是因为它承认了指示性关系，让作品的笔触和创作过程保持了最大的完整性。布列逊进一步指出西方传统绘画"汲除性"的笔法特征，他说道："西方绘画必须遵循二次泯除性规则，以覆盖其自身的笔触；虽然在水墨画中，除了底稿和不被视为画作组成部分的败笔之外，画面上所有的痕迹都清晰可见，但在油画中，即便白色和底色都是不透明的：笔触掩盖了画布，笔触又掩盖了笔触。"[3] 可见，中国传统绘画和西方传统绘画的分歧点在于是否承认指示性关系。什么是指示性关系？简单而言，就是笔法运行的轨迹和痕迹。所谓展演性就是在作品中保留了这种轨迹和痕迹，将整个创作过程事无巨细地显现出来；所谓泯除性则是在作品中泯除了这种轨迹和痕迹，并将创作过程悄无声息地隐藏起来。布列逊认为中国传统绘画的笔法特征是"展演性"的，而西方传统绘画的笔法特征则是"泯除性"的。

　　笔者试图用"展演性"和"泯除性"的概念来比较沙孟海和井上有一在笔法特征上的差异性，惊奇地发现沙孟海的笔法特征并不是展演性的，而是泯除性的，而井上有一使用的才是展演性的笔法。以沙孟海《龙》与井上有一《贫》为例，后者最大程度地保留了笔法运行的轨迹和痕迹，指示观看者在纸张上地不断"展演"，构想出整个创作过程。换言之，无论观看者站在哪个角度，创作过程都是清晰可见的，宛如舞台上一个演员的表演之于台下的观众是完全可视的一样。与之相反，前者隐藏了轨迹和痕迹，蕴含着

沙孟海《龙》
沙孟海书学院藏

井上有一《贫》
私人藏

一种内在的蓬勃力量。尽管它呈现了一个完整的结果，然而观看者却很难精准地还原创作过程。这两种笔法，为大字书法的发展和创造提供了无比丰富的动力源头和视觉资源，为世人提供了一种全新的视觉感受和心理感受，让两位艺术巨匠重新发现了书法所蕴藏着的强大的生命创造力，走出了一条以大字书法为精神原动力的新的道路，取得了公认的成就。

3. 结体造型

德国艺术史家海因里希·沃尔夫林（Heinrich Wolfflin，1864—1945）将视觉形式理论作为分析艺术风格演变的工具，研究了文艺复兴和巴洛克艺术风格，从知觉心理学的角度论述了视觉形式风格的转变，将二者的艺术风格界定为五对心理学概念。这五对概念分别是：线描和图绘、平面和纵深、封闭和开放、多样和同一、清晰和模糊。在这里，文艺复兴和巴洛克的艺术风格被系统地阐述为两种普遍的观察方式，只有左右之别，并无高下之分。本节通过沃尔夫林五对概念的对举方式，比较沙孟海和井上有一的大字书法在结体造型上的不同表现。

（1）线描和图绘

这对概念体现了两种截然不同的视觉方式。倘若将沙孟海《实践》和井上有一《寒山》做一比较，可以清楚地看到前者的结体处于某种固定的状态，具有清晰的轮廓感，能够让观看者的眼睛在结体中沿着线条的轮廓线寻找到

沙孟海《实践》　　　井上有一《寒山》
沙孟海书学院藏　　　私人藏

清晰的边界。换言之，它的结体造型是通过线条来观看的。反观后者，它的结体造型则是通过块面来观看的。当观看者的眼睛徘徊于轮廓线的边缘，很难不将注意力骤然撤离。它的结体看上去像是处于无边界的流动。各种线条交织在一起，有的甚至融为了一团，具有强烈的体积感。

（2）平面和纵深

我们用沙孟海《宝石山》和井上有一《懒》举例，前者的结体造型具有坚定的平面几何形式的稳固感，所有的线条都被有意识地并且协调地集合于一个层次之中，形成轮廓分明的平面效果；后者的结体造型具有强烈的穿透力，文字不再能在平面的截面上被捕捉到，而存在于前景部分与背景部分的关系之中，平面的美让位给了纵深的美。

（3）封闭和开放

同样选取两件作品做比较，以沙孟海《大风表东海》和井上有一《弹琴复长啸》为例，

前者把结体造型处理成了一个封闭性的处处都引向自身的独立的统一体，强调的是界限、秩序、规则的意义，采用的是严整和谐的平衡效果，追求的是一种永恒的展示；后者采用的是一种开放性的向自身之外不断扩展的结体造型风格，透漏出对和谐、平稳的厌倦与反感，追求的是一种瞬间的展示。

（4）多样和同一

这对概念的涵义容易被其字面意思所混淆，指的并非多样和单一的关系，而是部分和整体的同等或从属关系。比如文艺复兴时期米开朗基罗的雕塑《大卫》的各个部位呈现多样性的特点，强调的是人体每一个部位都独立于人体且与人体之间具有同等的关系；巴洛克时期贝尼尼的雕塑《大卫》的各个部位呈现同一性的特点，讲究的是人体每一个部位并不独立于人体且与人体之间属于从属的关系。这种同等和从属的关系也体现在书法上。以沙孟海《百年树人》和井上有一《豪》为例，前者每个字的局部都可以被看成是整体之外的单独体，而后者的同一性是通过使每个字的局部失去独立性来实现的，它抑制了局部的独立性，追求一种有机的构成方式。

（5）清晰和模糊

清晰和模糊的问题，同眼睛的知觉方式有关。对沙孟海而言，结体造型的美意味着具有相对均匀的空间和清晰的边界，它是以沃尔夫林说的"把一种可以被视为详细地展现形体的描绘方式"[4]为目的的。井上有一认为结体造型的美不存在于完全可理解的清晰性中，而是存在于不确定之中。也就是说，他的美向人们提供了一种不能完全被理解的

沙孟海《宝石山》　　　　井上有一《懒》
浙江省博物馆藏　　　　私人藏

沙孟海《大风表东海》　　　井上有一《弹琴复长啸》
沙孟海书学院藏　　　　　私人藏

沙孟海《百年树人》
沙孟海书学院藏

井上有一《豪》
私人藏

井上有一《爱》
私人藏

并且似乎是躲避观看者的艺术形式。这种差异性，在沙孟海《龙》和井上有一《圆》中得以体现。

4. 章法构图

沙孟海的大字书法在章法构图上采用的是传统的方式。他的字被置于纸张的视觉中心点，而且点画与纸张的边缘总会留出一定均衡的空间，即中国传统书法中所谓的"留有天地"。这种均衡同样体现在字与字之间的空间距离上。无论横竖，皆是如此，如《龙》《实践》《万罗山》。

井上有一的大字书法在章法构图上并不相同。很多时候，字的视觉中心点并不位于纸张的中心。纸张的四周甚至各个角落都有

可能被纳入经营的范畴。字与字之间的空间距离亦是大开大合，时而密不透风，时而疏朗开阔，如《圆》《心》《母》《一匹狼》《爱》。这种章法构图上部分点画突出纸外的表现方法，同设计里常用的术语"出血"的道理如出一辙。这在中国传统书法中是极其罕见的，主要来源于西方抽象表现主义的影响。

作品与时代的关系

德国当代哲学家伽达默尔（Hans-Georg Gadamer，1900—2002）认为，狄尔泰"把这样一条解释学原则——我们只能从文本的整体去理解个别，以及我们只能从文本的个别去理解其整体——应用于历史世界"。[5] 狄尔泰从历

史文化背景的角度将解释学联系在一起，使"理解的循环"理论达到了一个前所未有的理论高度。沙孟海与井上有一同他们所生活的时代，同样处于这种循环关系之中。

1840 年，英国军队向中国发动了鸦片战争,迫使清朝政府签订了"南京条约";1853 年，美国"黑船来袭"进入了日本的江户湾，要求签订通商条约。西方资本主义的坚船利炮，轰开了中日两国闭关锁国的大门。西方现代文化随之蜂拥而入，对两国的传统书法构成了严重的挑战。1868 年，日本明治维新拉开帷幕，学习西方现代化的思想国策一经奠定就始终不曾动摇。文明开化的风潮席卷全国，日本书法在西方现代艺术的影响下走向现代。比日本明治维新晚了半个多世纪的新文化运动，其影响却未波及书法领域。中国知识学界虽然对现代文化充满了憧憬，但中国书法宛如一个被遗忘的角落，它的发展很大程度上仍是倚赖其内部的一些调用，未能从根本上改变传统书法的思想结构，也未能像日本那样紧随时代潮流从传统步入现代。

二战以后，战败的日本百业俱废，精疲力竭，几乎所有的传统文化都遭到了破坏，日本书法又一次陷入困境。在恢复、再生的过程中，再一次掀起了一场现代化的巨大浪潮。此时，西方现代艺术逐渐形成气候，影响遍及世界各国。一种形式上近似书法的抽象表现主义绘画给了日本书法猛烈的刺激。日本前卫书法家们纷纷吸收西方艺术思潮进行了探索和实验。在这样的背景和氛围下，井上有一横空出世。他一生守贫挥毫，致力于探索书法新的可能性，成为了日本书法由

沙孟海《万罗山》
浙江省博物馆藏

传统向现代转型的先驱。中国书法面临的第二次冲击比日本晚四十年。随着改革开放的蓬勃发展，西方现代文化与艺术思潮迅速涌入中国。日新月异的新观念、新形式与传统书法的固有面貌再一次发生了审美上的强烈冲突，给中国书法带来了空前的挑战和机遇。20 世纪 80 年代以后，沙孟海满怀激情地投入到创作实践之中，大字书法占据了沙孟海这一时期的主导地位。他撷取意态挥洒的帖学和雄浑朴拙的碑派之长，走出了一条属于自己的艺术之路。对沙老 80 年代的书法风格，陈振濂在《沙孟海书法篆刻论》一文中有以下评价："有意为之强调气势和刻意求全的强调技巧，逐渐地为炉火纯青的信手拈来所代替。一切犹豫、彷徨和偶有小获的喜悦，被一种更为大气的风度所淹没。"

从中日两国的时代背景而言，尽管存有诸多差异，然而所面临的遭遇却有着众多相似之处，尤其是对传统书法因受地域和观念局限难以适应现代化的艺术浪潮而产生的忧患意识。这种忧患意识，是促进沙孟海和井上有一的书法不断向前发展的根本动力。

作品与作者的关系

作品与作者之间有着千丝万缕的联系。中国传统艺术理论讲求"知人论世"。想要理解一件作品，则必须从整体上对作者进行分析。沙孟海一生几乎亲历了五四运动、抗日战争、解放战争、新中国诞生等每一个重大历史阶段，又亲眼目睹了改革开放后中国社会所取得的巨大成就；井上有一由一个小

学校长奇妙转身，一跃成为世界"近代美术五十年"的代表性艺术家，两人都拥有传奇般的人生经历。关于沙孟海和井上有一的生平经历、师承交友等内容学者多有论述，限于篇幅，不再赘言。本节简述大沙孟海和井上有一的艺术思想。

在沙孟海众多人物形象中，书法家是最为人熟知且最为耀眼的一个形象。然而由于"书坛泰斗"的声名太盛，很大程度上掩盖了他在学术领域的成就。事实上，沙孟海的学术思想是其艺术思想的源头。近现代以来，中国学术文化思潮风起云涌，相互激荡。沙孟海身处其间，亲身经历了 20 世纪中国社会的发展与变迁。在这纷繁复杂的历史情境中，沙孟海在语言文字学、古典文学、金石学、考古学、书学、印学等多个学术领域都进行过卓有成效的研究。20 世纪二三十年代，沙孟海跟随冯君木来到了上海。寓沪期间，所接触的多是上海的文化名流。沪上吴昌硕、康有为、沈曾植等先生都给予了沙孟海很多帮助和提携。他们的学人风骨、文化思想和艺术精神，无不潜移默化地影响着沙孟海，同时也带给他一片广阔的艺术天地。新中国成立后，沙孟海先后担任浙江大学教授、浙江省文物管理委员会常务委员兼调查组组长、浙江省博物馆历史部主任、浙江美术学院（今中国美术学院）书法系研究生导师、西泠印社第四任社长、中国书法家协会副主席、中国书法家协会浙江分会（今浙江省书法家协会）主席等职，日常工作之余，秉着融通独创、求真存疑的学术精神，勤于苦读，悉心著述，相继发表了数十篇学术文章，丰富了

他在金石学、考古学、书学、印学等方面的理论研究成果。日积月累的丰厚学养和远见卓识，对沙老古拙朴茂、浑厚雄强的书法风格的形成产生了最直接的影响，为我们充分展示了"以学术滋养艺术"的可能性和重要性，也令他的思维方式和研究方法相较于同时代的书法家都更具有引领性，成为中国书法由传统向现代衔接和转换过程中的重要历史人物，被誉为20世纪中国书坛的"泰山北斗"。

倘若沙孟海的艺术思想来自于学术思想的滋养，那么井上有一的艺术思想则直接受到了两次大规模外来文化的洗礼，一次是明治维新带来的文明开化，另一次则是二战后涌入的美国文化。吊诡的是，日本一方面企图重建一个能够与西方相抗衡的现代化国家，一方面又强烈渴望保留自己的民族传统和文化根基。这种矛盾、纠结和挣扎的心理成为了一种暗示，不断在井上有一的心中蔓延，左右着他的艺术思想和创作实践。即便他不可避免地被笼罩在西方抽象表现主义的阴影下，也曾一度采用一种黑色瓷漆在油画布或硬纸上作出一些极为简练的粗笔黑线形式构成的抽象绘画，但有一并没有被吞噬，并且很快意识到这种没有自己的纯粹的模仿跟抄袭毫无意义，只有利用西方现代艺术形式来表达东方艺术独有的深邃内涵和丰富意境才是最符合日本人的创作方式。遵循这个信念，他重新回归到了书法本身，打破了过往那种失语的高度凝滞的状态，强调身体、精神、瞬间、仪式感甚至是神秘性，在西方艺术和传统艺术的夹缝中重新发现并打开了一个朗朗乾坤、历历分明的世界。他的书法比起那

种高速运行纵跳于笔墨之间的书写，多了一些停逗，多了一些层次，多了一些特写和思索，更多了一些人文性的肌理和血肉，如同毛笔饱蘸了地震和日食的黑暗，具有极强的视觉冲击力。这与他始终梦想着探寻具有现代日本精神的书法艺术的强烈意识有着紧密的联系。他以一种至真至诚的姿态将书法的现代性推向极致，终于把自己锤炼成名载世界艺术史册的艺术家。

综上所述，沙孟海与井上有一在大字书法上所呈现出来的不同面向，是20世纪中日两国在相同的时代背景下，不同的民族性格、民族心理和国家特性的集中体现。倘若以沙孟海为代表的中国书法的近代语境是以丰厚学养和远见卓识在书法艺术上作彻底的革新，那么以井上有一为引领的日本书法的近代语境则是利用西方现代艺术形式来创造一种全新的书法艺术，这是两条截然不同的变革之路。两条路上，都盛满了20世纪百年的风风雨雨和鼎盛辉煌。

1 海上雅臣：《书法是万人的艺术》，北京：中国人民大学出版社，2012年，第148页。
2 Norman Bryson：Vision and painting：The Logic of the Gaze, New Haven：Yale University Press, 1983, p.89—92.
3 Ibid., p.92.
4 海因里希·沃尔夫林：《艺术风格学》，北京：中国人民大学出版社，2004年，第233页。
5 伽达默尔：《真理与方法》，洪汉鼎译，北京：商务印书馆，2007年，第256页。

张大千《爱痕湖》（局部），1968年

谈书

谈 书

另辟蹊径寻真相：
《张大千画展图录（1935—1983）》的出版价值

袁 媛

在《张大千画展图录（1935—1983）》中，我们可以从一个与以往不太一样的视角来看待张大千。书中能够集齐的资料更加直观、成分简单，易于引用，且能够相互佐证，鲜有错讹。我们可以在展览和画册的前言、后记中找到张大千的朋友圈以及这些艺术史名人留下的吉光片羽，为研究者、收藏爱好者提供了最保真的基础资料。

张大千《临北苑江堤晚景》
私人藏

坐落于上海西藏路上的宁波同乡会馆旧影（现西藏中路 480 号）

张大千（1899—1983），是中国近现代画坛里非常有名的艺术家。在民国时期群星闪耀的艺坛之中，没有什么人像张大千这么特别——没有任何头衔却蜚声世界，作品存量之多，艺术天赋之高，个人成就之大，作品价格之贵重……放眼全球，可能只有毕加索可与之比肩。

1925 年秋天，年仅 26 岁的张大千在李祖韩、李秋君兄妹的协助下，在上海西藏路宁波同乡会馆举办了首次个人画展，画展吸引了众多的观众。参展的 100 件作品是张大千在一个月之内中赶制完成的，每件标价 20 元大洋，居然被预订一空。

这次的"展卖"无疑是重要的，它的成功举办让张大千认识到了自己在书画市场上的价值，从此开启了"画展之王"的传奇。

据已有资料统计显示，从 1925 年第一次在上海办展到 1983 年筹备生前最后一次展览，

张大千一生之中所举办的个人展览超过 160 场次，足迹踏遍亚、欧、美（南、北美）四大洲，共计四十多个国家和地区，展览频次和规模可谓前无古人后无来者，参与的展览更是不可胜数。

张大千早年跟随母亲与兄长善孖学画，过了 20 岁才到上海先后拜入曾熙和李瑞清门下，没过几年便举办了个人画展，而且一炮而红，声名鹊起，尤可见其天赋之高。

目前已知的张大千第一次个展画册出版于 1935 年 10 月，北平黄怀英基于 3 月在中山公园（北平）水榭举办的"张大千画展"精选成册，收录了大千作品 13 幅及善孖作品五幅。这本图录对张大千来说应该意义非凡，早年的重要作品都收录在这本画册中，其中的一些作品已经在拍卖市场上流通，可能因为早年的作品，未见他处著录，所以能慧眼识珠的人并不多。

2020 年 12 月在日本东京，一幅张大千的早期未纪年山水画上拍，从约 6 万元人民币起拍，最终以约合 152 万元的价格成交

张大千《桐庐诗意图》，1934 年
2002 年嘉德秋拍上成交

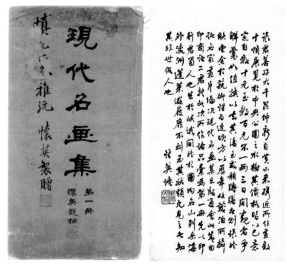

黄怀英《现代名画集》，1935 年编

从第一次在上海办个展到彼时，短短十年之间，张大千已经陆续在平壤、北平、南京、天津等地举办了数次展览，都获得了非常良好的反响。1927年春末，张大千在南京开个展，展出的作品尤以仿石涛的作品最受欢迎。1929年，张大千即被聘为全国美展审查委员。1934 年 9 月，大千于北平首次举办画展，其风格与北平大相径庭，因此"震撼了故都画坛……气势磅礴……展品已悉数售空"。

举办画展是民国书画家十分重要的专业活动，而画展活动主要集中在上海、北平、南京、天津、重庆、广州、成都等地，境外则主要在香港和日本。民国时期的书画家谋生的方式很多，在依靠画展卖画取得丰厚收益的画家之中，最重要的当数张善孖和大千昆仲了。

前文也提到了大千在 20 世纪 20 年代中期才开始举办个展，每件作品的润例也不高，甚至只有吴昌硕的十分之一。但是张氏兄弟仿佛有一种神奇的能力，他们办展既多、成品也快、风格多面、销路又好，润例也水涨船高。到了20 世纪 30 年代之后，张善孖、大千的润格扶摇直上，其他画家难出其右。当时为张氏兄弟出版画集的黄怀英也敏锐地意识到了这一点，在其编者款识中提到"此次所作诸品汇为第一册，先以印行"，言外之意是随后还有持续出版的计划。不过，从目前掌握的资料来看，这项计划并没有持续下去。

1939 年，张善孖曾在美国为中国的抗战募捐，当时美国华人社团"安良工商会"曾出资国币一万元购藏其作品《龙踞虎盘》，张善孖随后将善款悉数捐给赈济委员会，轰动海内。

这样的行为足以让张善孖声名大噪，他最成功的要数 1939 年在法国和美国分别为抗战募捐组织的义卖活动。当时的法国总统勒布伦称他是"东方近代艺术代表"，美国总统的罗斯福也设宴招待他。他将在法、美期间依靠画展就募得捐款二十余万美元，全部捐回国支援抗战——为了这一巨额捐款，当时的国民政府主席林森、行政院长向张善孖颁布了民国时期最高规格的褒奖令。而张善孖在国外的频繁活动也让他的名气越来越高。美国纽约佛恩大学特赠他名誉法学博士学位；华盛顿黑人大学芝加哥艺术学院哥伦比亚艺术学院等校也纷纷聘请他担任名誉教授。可惜，张善孖因劳累过度，英年早逝。

兄长去世之后，张大千开始了独自办画展，闯荡中外市场——办展这项技能可能是印刻在基因里的，他的展览频率高、社会反响热烈、展卖作品销路好，而且南北两地的收藏市场通吃。20世纪 40 年代，他从敦煌返川途中，在兰州举办"张大千临摹敦煌壁画展览"。那是大千在兰州的首次画展，但是"参观者拥挤异常"，现场人山人海，甚至天水等邻近各县爱好绘画的人都不辞辛劳前来观展，原定的三天展期也因此

张大千《关仝太乙观泉图》
私人藏

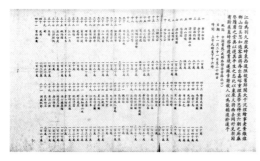

1946 年中国画苑举办"张大千画展"时编印作品目录

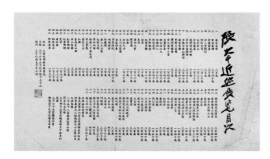

1947 年中国画苑"张大千近作展"目次

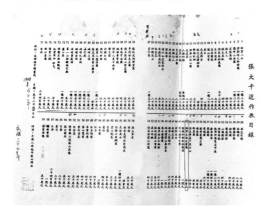

1948 年"张大千近作展"目录

而延长。当他回到成都之后，为方便上门求观的好友，大千举办了一场不售卖的展览展出他临摹的壁画。虽然展品都是大千的临摹，但是观众却因未曾见过唐宋的壁画而叹为观止。之后，类似的展览又在重庆举办，虽然售卖门票，但供不应求。这次展览"震撼陪都"，这一连串的临摹敦煌壁画展也在内地掀起了

"敦煌热"。

临摹敦煌壁画是大千绘画体系中的重要转折，从敦煌返回之后，他的创作版图中就又多了一种引人入胜的风格，这也促进了张大千在 20 世纪 40 年代之后画坛地位的持续抬高。

抗战胜利之后，张大千先后入藏了董源《潇湘图》《江堤晚景》等，着力钻研董巨画法，画展也办得轰轰烈烈，最轰动的当属 1946 至 1948 年三次在上海的画展。他的画尽管价格高昂，但是销路依然很好，每每办展，作品极速告罄，甚至有的作品会被多人重复订购。

1946 年 10 月的有报道称：画展之际，（张大千）先生名声大振，"连日往观者，极为拥挤"，上海画坛竟将大千比作"画中李白"。

1947 年 5 月 9 日至 13 日，张大千在上海成都路 470 号中国画苑举办近作展，展出作品 82 件，另有临摹敦煌壁画 6 件。画作"均极精工能不令人咋舌"，所展作品在开展前一日就被订购过半，"展览第一天仅余二三件"。其中《临北苑江堤晚景》《文会图》《关全太乙观泉图》等作品引起海内哗然。最近在上海龙美术馆展出的馆藏珍品就有几件来自此次画展。

而 1948 年 5 月 8 日至 11 日大千又到中国画苑内举行为期四天的"张大千近作展"，展出 99 件作品，绝大多数为工笔重彩，辉煌夺目。每天参观者人头攒动，有些画还被复订三至五起，盛况空前。名画家吴湖帆也当场选定了三大幅，后又请别人代订了几幅。当时的通胀率非常高，大千的画作标价已以亿元计，但大千展览的成交额约等价于黄金

张大千《仿王希孟千里江山图》
私人藏

张大千《水殿风来图》，1961 年
私人藏

张大千《奔泉图》，1963 年
私人藏

张大千《瑞士雪山图》，1965 年
私人藏

一千几百两,难怪有人戏称"大千是一台印钞机"。其中有一幅非卖品,2022 年 4 月在苏富比(香港)以 3.75 亿港元的成交价(含佣)刷新了张大千全球拍卖纪录。这张著名的《仿王希孟千里江山图》当时由孙志飞收藏,之后鲜少示人。类似的名作如《仿顾恺之醉舞图》《临郭河阳窠石平远》《临宋人盘车图》《临赵松雪秋林载酒》《(仿周文矩)戏婴图》等拟古、临古之作都是当时标价最高的,每件都超过了一亿元,董源、巨然、周文矩、王蒙等前代名家都有追摹。

20 世纪 50 年代后,张大千旅居国外,广泛接触西方艺术,在他后期的展览作品中,我们能看到很多在不同绘画风格和材料上进行的探索。比如 1961 年作《水殿风来》、1962 年作《墨荷》、1963 年作《奔泉图》可以看到大写意泼墨的技法越来越纯属。从 1965 年所作的一系列《瑞士雪山》、1967 年的《春山积翠》(现名《春云晓霭》)、1968 年的《爱痕湖》中可以看到在泼墨的基础上尝试使用木版、更多地使用金笺、加入了重彩,形成了别具个人面貌的泼彩山水……

以上这些内容来自上海书画出版社新近出版的《张大千画展图录(1935—1983)》,其主体部分影印了张大千生前的 33 种个展图录——从 1935 年黄怀英编辑出版的第一本画集开始,直到 1983 年张大千去世后的第一场回顾展。另外的部分则汇集了大千生前能够搜集的 164 场个展资料,可以说是为研究者、收藏爱好者提供了最保真的基础资料。我们可以从中梳理出无数的研究热点。

从 1943 年四川省美术协会编纂的《张大

《张大千画展图录(1935—1983)》书影

千临摹敦煌壁画展览特集》,我们可以看到临摹敦煌壁画开启了张大千画风的第一次转变。1946 年至 1948 年的展览体现了他在摹古方面进行的钻研。50 年代之后,张大千在国际画坛上吸收了很多画法,在创作的风格上进行了更多的融合——绘画技法上不拘泥于程式,勇于开拓新的领域。

在本书《张大千画展图录(1935—1983)》中,我们可以从一个与以往不太一样的视角来看待艺术家。往常的艺术史的书写围绕着作者和作品展开,而关于张大千这样"复杂"的主题,我们对他的画展信息进行广泛地搜集和研究会是一个更妙的切入点。书中能够集齐的资料更加直观、成分简单,易于引用,且能够相互佐证,鲜有错讹。甚至,不用厘清纷繁脉络,我们就可以在展览和画册的前言、后记中找到张大千的朋友圈——张群、胡适、毕加索、潘玉良、喜龙仁、郎静山、高岭梅、苏立文、方闻、罗寄梅、王方宇等,以及这些艺术史名人留下的吉光片羽。

谈 书

最后的文房：刻铜文房的金石学属性

杜鹏飞

　　至于晚近，铜器已退居日常用具，但是始于殷商的"刻铭"铜器文化，到了近现代，由姚茫父、陈师曾等倡导，铜墨盒、镇尺等文房用具再次被赋以铭史纪事之用。民国学人的金石学造诣，赋予了民国刻铜文房的金石学属性，可称"吉金"。

　　民国刻铜文房是中国数千年"金石文化"之余绪，堪称中国铜器史上一朵奇葩。青铜礼器作铭纪事，始于殷商，"刻铭"历史亦至少可溯至春秋，到先秦两汉则已属"常态"。古之"吉金"文字大多类此，亦因此有"证经补史"之价值。至于晚近，铜器已退居日常用具，铭功纪事的功能也自然渐次消失。然而到了姚茫父、陈师曾所处的时代，铜墨盒、镇尺等文房用具再次被赋以铭史纪事之用。目前可以见到茫父创作多件寿序铜屏，而寿序于文体而言，堪比碑志，最具"金石"意义。如1918年3月为姻亲所作《罗灿五太翁七十

寿序》铜屏；8月为宗宅三先生四十寿所书常昭先生撰文《宅三二弟四十揽揆赠言》寿屏；1919年为业师严修所作《范孙夫子暨德配李夫人六十双寿序》寿屏更具代表性，此寿屏由茫父撰文一千四百余言，并以工楷书于8块铜屏，由同古堂创办人张樾丞亲自操刀刻成，其精彩溢于言表。还有1923年好友任可澄应国会议员吴作棻之请，为其母所撰《吴母范夫人八十撰寿序》一千两百余言，由茫父先生以工楷书于12块铜屏，并于另面精心绘制《贞松耐岁寒图》，也由同古堂老板张樾丞亲自刻成，都是极具代表性和象征意义的

楷书《宗宅三四十寿序》铜屏拓本

奏丹《送沈剑秋序》铜盒

刻铜作品。在茫父将其运用于刻铜之前，寿序通常都是恭书于纸绢之上的鸿篇巨制，以铜屏为载体，可以说茫父是开先河者。这也足以证明他将铜墨盒、铜屏作为"今日吉金"，并自觉地加以运用。

当然，在铜盒上铭刻金石等纪念性文字，视刻铜文房如"金石"，并非始于茫父。早在清光绪二十五年三月十四日（1899 年 4 月 23 日），晚清状元、著名实业家、教育家张謇（1853—1926）就曾作《摹晋张氏砖文于墨盒系之以铭》："晋张氏砖厥文妩，制为研者自仲甫。叔未作铭序如谱，繄时相见典可数（铭引《汉书》）。橅自己亥岁光绪，以章吾盒俪文府。永永宝之鼎尊簠。"[1] 可知张謇在铜墨盒上摹写了晋砖文字并作铭，希望后人像对待"鼎尊簠"那样"永永宝之"。次日又为孔馴作《方墨盒》诗铭器："成范不能员，扃情故自坚。有因昵文字，将晦致缠绵。懔懔朱丹地，铮铮燥湿天。精金期汝寿，相伴老书田。"也同样表达了刻铜墨盒如同"精金"、祝愿长寿的美好寓意。

在《诏安文史资料》第 20 期中，沈耀明先生记录了一件清光绪三十一年（1905）的铜墨盒，7.5 厘米见方的盒盖上铭刻《送沈剑秋序》一文长达三百余言，记录了作者奏丹与沈剑秋在京师的一段交游与临别赠语。[2] 在序文中"琴船年伯中郎将出镇开封，剑秋侍将符"，琴船即沈瑞舟（1852—1927），字苍九，号琴船，福建诏安县人。工画，精篆刻。光绪三年丁丑科（1877）中武进士，钦点二甲第九名御前花翎侍卫，后官至御前四品花翎侍卫、诰封振威将军。从此文可知，他在光绪三十一年被外放河南开封任职，其公子沈剑秋随侍将印。有关沈的史料非常稀缺，此铜墨盒铭刻不仅见证奏丹与沈剑知的交谊，也起到补史之阙的作用，这与古代金石文字的性质何其相似乃尔。

在茫父之后，这样的例子也还有许多，吾友云在堂主人杨未君兄在《云在堂识小》文中提到顾颉刚先生 1919 年冬写在铜墨盒上的"爱情宣言"《赠殷履安墨盒铭》：

> 履安固厚我，井臼操劳，弗克常有书至，余以积念之深，每不谅而怨焉。今值冬假将归，因刻文墨盒为赠，甚愿履安于几案之际，拂拭之倾，感物怀人，知我延企之情有如所寄：镂金者书，镂骨者思，金犹有烂，情思无变；遂乃受督哀怜，就兹染翰，濡烟即饱，挥洒如心，扇我以温词，照我以朗抱，使我狷介之性得润泽于和愉美适之中，不以遭逢拂逆，抑郁悲伤。是则我之精神胥赖履安为阖辟之矣，岂特绸缪于相厚之情哉！[3]

这也是非常典型的铭文体。书者刻此铜盒的目的，是希望受赠者"于几案之际，拂拭之倾，感物怀人"是表达"镂金者书，镂骨者思，金犹有烂，情思无变"的爱情宣言。比于古之吉金铭刻，岂有丝毫逊色哉？

当然，最能说明刻铜文房金石学属性的，还需求证于器物"自名"。所谓"自名"，即青铜器铭文对器物自身的命名，如青铜器铭文中自称为"鼎""卣""盘""彝"等。"自名"作为一种特殊的铭文现象，在商周青铜器铭文研究中有着举足轻重的作用。这里当然是借用，笔者注意到一些刻铜文房的铭文中自称"吉金""金石"，故可知其金石学属性在当时是有一定共识的。例如，清代刻铜名家陈寅生刻赠"德葊仁兄"的铜墨盒，

清　陈寅生刻铜墨盒

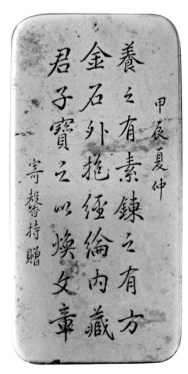

清　"寄馨持赠"款刻铜墨盒

方光自作赠言铭文墨盒

其铭文："体具金石，内抱经纶。知白守黑，磨炼精纯。洒作霖雨，天下皆春。"类似地，有1904年署款"寄馨持赠"的铜墨盒，其铭文："养之有素，炼之有方。金石外抱，经纶内藏。君子宝之，以焕文章。""体具金石"与"金石外抱"均明确指出铜墨盒兼具"金""石"之材、"金石合体"的物质特征，又一语双关点出其"金石学"属性。

1914年3月，"南华居士方光"赠"耀东仁兄"的铜墨盒上，有其自撰赠言刻铭。

此段铭文虽只二百余言，直可当方光小传看待。作者先历数其结社反清、兴教、从军之艰难阅历；再罗列光复后周游日韩及国内八省之观感；既而道出将履新之近况；最后一句则点明赠此刻铜墨盒之目的旨在"固金石之交""增翰墨之色"。铭文中所云"金石"，毫无疑问指向了刻铜墨盒。

再如1918年徐心庵书、同古堂张寿丞刻

铜墨盒铭文："不磨不磷，以葆吾真。缘结翰墨，乐此吉金。"既点出了铜墨盒类似砚田的功能，又点出其如同"吉金"的特性。《论语·阳货》云："不曰坚乎？磨而不磷。不曰白乎？涅而不缁。"后世常用"磨而不磷"作砚铭，以誉砚石品质，亦暗喻主人的品格。墨盒当然无须研磨，故曰："不磨不磷。"[4]

茫父先生是晚清民国重要的金石学家，在其写铜作品中有数量众多临摹、考释上古吉金文字的内容，甚至在当下形成了一个专门的收藏类别。此外，在他创作的写铜或题铜作品中，亦常常出现"金石"或"吉金"字样，足证其对刻铜文房的金石学属性的偏爱。

"功德之辞，施于不朽者，其文曰铭。俾志不忘，故兼警戒，其以垂戒名者，惟箴专之。而铭所由勒，则金石相代，金必鼎彝，石必碑碣，则碑铭碣铭兴焉。"这是茫父先生在其所撰《论文后编》中对"铭文体"所作论述。[5]"吉金乐石"

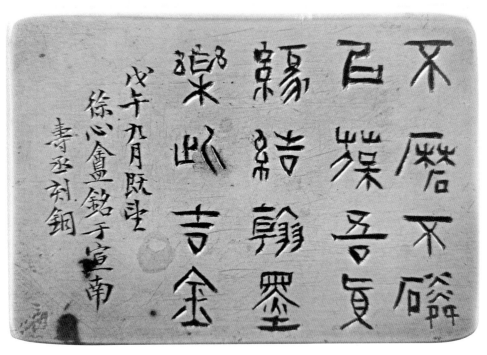

徐心庵自铭刻铜墨盒

作为古代"铭文体"文字的重要载体，其特性或共性为"坚固""永久"。考之茫父先生所写铜制文房，亦足证其对民国刻铜文房金石学属性的自觉和坚守。

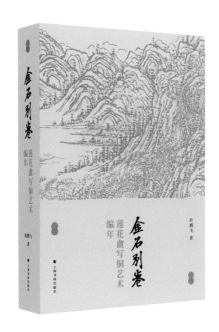

《金石别卷：莲花盦写铜艺术编年》书影

1 李明勋、尤世玮编：《张謇日记》，上海：上海辞书出版社，2017 年，第 461 页。

2 沈耀明《秦丹送沈剑秋铜墨盒序文小考》，载于政协诏安县委员会文史委编：《诏安文史资料》第 20 期，漳州政协诏安县文史委员会出版，2000 年，第 80—81 页。

3 顾颉刚：《顾颉刚全集 38 宝树园文存卷 6》，北京：中华书局，第 110 页。顾潮：《历劫终教志不灰——我的父亲顾颉刚》，上海：华东师范大学出版社，1997 年，第 53 页。文中记载：1919 年，顾颉刚先生在北京大学读书，年底归家度冬假之前，顾颉刚为新婚的妻子殷履安订制了一方墨盒，特作此铭。

4 周继烈主编：《民国刻铜文房珍赏》，北京：北京出版社，2013 年，第 165 页。徐心庵（1879—1937），名瑞徵，字兰苏，浙江衢州人。自幼随父宦游，民国时先后任云南督府秘书、司法部金事、大理院科长、法权委员会顾问、江苏省建设厅秘书、青岛市政府秘书以及湖南、直隶、河南等省高等法院书记官长等职。与余绍宋交笃，是"宣南画会"的骨干。

5 姚华《论文后编》，目录上第二、中第三，见《弗堂类稿》，"论著甲"，上海：中华书局，1930 年，第 5、25 页。

吴昌硕《花卉册》（局部）
故宫博物院藏

馆事

　　书中提到的，只是各个名家馆的藏品的一部分，如果你对这些艺术家和他们的作品有兴趣，不妨循着这里的信息，到各个名家馆走走看看。

1	2	3	4	
5	6	7	8	9
10	11	12	13	14
15	16			
17	18			
19	20			
21	22			
23	24			
25				

❶ 吴昌硕纪念馆
　　浙江安吉县安吉大道 2 号

❷ 徐悲鸿纪念馆
　　北京新街口北大街 53 号

❸ 潘天寿纪念馆
　　浙江杭州南山路 212 号

❹ 齐白石纪念馆
　　湖南湘潭白马湖

❺ 黄宾虹纪念馆
　　浙江杭州孤山浙江省博物馆书画部

❻ 张大千纪念馆
　　四川内江大千路

❼ 傅抱石纪念馆
　　江苏南京汉口西路 132 号

❽ 朱屺瞻艺术馆
　　上海欧阳路 580 号

❾ 李苦禅纪念馆
　　山东济南历下区大明湖路 271 号

❿ 李可染艺术馆
　　江苏徐州广大北路 16 号

⓫ 林散之纪念馆
　　江苏南京江浦求雨山

⓬ 沙孟海书学院
　　浙江鄞州区东钱湖

⓭ 个簃艺术馆
　　江苏南通文峰路 7 号

⓮ 王雪涛纪念馆
　　山东济南历下区大明湖路 271 号

⓯ 吴茀之纪念馆
　　浙江浦江书画街 5 号

⓰ 郭味蕖美术馆
　　山东潍坊东风西街

⓱ 陆维钊书画院
　　浙江平湖大南门

⓲ 陆俨少艺术院
　　上海嘉定东大街 358 号

⓳ 何海霞美术馆
　　陕西西安书院门 104 号

⓴ 沈耀初美术馆
　　福建漳州乡城区市尾市美 135 号

㉑ 赖少其艺术馆
　　安徽合肥政务文化区石台路艺术公园内

㉒ 宋文治艺术馆
　　江苏太仓太平南路 38 号

㉓ 程十发艺术馆
　　上海松江区中山中路 458 号

㉔ 周昌谷艺术馆
　　浙江乐清中心公园

㉕ 君匋艺术院
　　浙江桐乡庆丰南路 59 号

深挖细掘、聚才借力、紧跟潮流
——名家艺术馆的发展之道

陈永怡

世界时刻在变，人民群众对公共文化的需求也在不停地发生变化，这也对作为公共文化服务机构的名家馆提出了新的挑战。各名家馆都在想方设法适应高速变化的社会节奏，勤练内功，取得了丰硕的成果。

近日，由徐州李可染艺术馆主办的中国书画名家馆联会第 26 届年会以线上论坛的方式举行。中国书画名家馆联会作为一个全国性的学术团体，旨在为分布于各地的名家艺术馆搭建交流互鉴的平台，成立至今已 26 年，目前有 25 家成员馆。此次年会的主题是"名家艺术馆的发展之道"。笔者认为，此"道"有三个层面的意思：一是管理之道，即需用高明的智慧去处理看似普通和繁杂的美术馆日常工作；二是策略和道理，是对名家馆工作的提炼、反思和有意识的设计；三是"合于大道"，即名家馆要守护和达成共同的文化理想和艺术使命。联会各成员馆结合年度工作，对论坛主题作了不同角度的阐发，碰撞出很多值得同类型美术馆参鉴的新思路。

多方借力，学术研究专且深

名家馆普遍规模较小，专业研究力量的提升空间很大，这是一个很难在短期内改变的状况，但是一些名家馆已经找到了突破口。首先是强强联合巧借力。名家馆通过加大与重点美术馆、高校和研究机构的合作，引聚研究力量和资源。如王雪涛纪念馆与中国国家博物馆、北京画院合作举办"生趣盎然——王雪涛艺术展"；陆俨少艺术院在陆俨少诞辰 110 周年时以"一展八点"的形式与多家机构联动；程十发艺术馆与上海大学美术学院签署馆校合作协议；周昌谷艺术馆成为浙江美术馆流动美术馆的一员；湘潭齐白石纪念馆特聘 11 名研究员加强研究力量……这些都是

2022年10月13日至12月11日推出"宛若偈妙——陆俨少书法艺术展"。展览以文献与作品相结合,"一展多点"与"线上线下"相结合的成展方式,对陆俨少书法艺术作系统性梳理与展示,使人们对陆俨少山水画之余的书法成就有更全面、更具体的认识与了解。

"生趣盎然——王雪涛艺术展"展览现场

陆维钊书画院"第四届书学之路——中国高等书法教育成果系列之篆刻专题展"展览现场

"赤心惟存——纪念朱屺瞻诞辰130周年艺术展"展览现场

"碧血丹心——纪念沙孟海诞辰120周年书法篆刻艺术大展暨学术文献展"展览现场

值得推广的借力模式。

其次是学术挖掘专且深。名家馆学术优势体现在能够围绕名家艺术成就展开专深的研究。其中,名家大师的学生辈都已步入暮年,对史料的抢救性挖掘收集就尤显迫切。林散之纪念馆的"金陵四家生平史料抢救性收集项目",个簃艺术馆的《王个簃年谱》编撰,都是针对史料建设的专项工程。

再次是研究领域从名家研究拓展到美术馆学研究。名家馆的研究之前多聚焦于名家个案的梳理,但是随着策展理念的进步、展陈手段的当代探索、公教方式的多元开拓,名家馆的诸多生动实践都足以成为美术馆学专业建设的优秀案例。潘天寿纪念馆、程十发艺术馆等都已实质性参与到全国美术馆高端专业人才的培养中。

体系化展览策划助力研究持续深入

20世纪名家大师群聚成中国现代艺术史的主流和主脉。这几年,名家大师的周年大展密集举办,不仅充分展示了名家大师的艺术高度,同时在展陈策划上也为艺术大展树立了典范。像"赤心惟存——纪念朱屺瞻诞辰130周年艺术展""碧血丹心——纪念沙孟海诞辰120周年书法篆刻艺术大展暨学术文献展",规模宏大、策展精心、出版精良,在主题定位、展陈设计、多方协作等方面积累了宝贵的经验。张大千纪念馆、君匋艺术院专门对近现代名家纪念馆基本陈列提出学术思考,后者的基本陈列还获得2021年度浙江省博物馆陈列展览优秀奖。这些大型展览的筹备和策划将名家馆的展览水平推向新高度。

以史料整理、专题研究为基础,以展览、出版、公教、传播为输出,形成展览的体系化建设,是名家馆探索出的又一策展特色。黄宾虹纪念馆以黄宾虹的收藏切入,策划"古物影——黄宾虹收藏系列展";赖少其艺术馆以对赖少其的全方位挖掘为基础,先后策划25场赖少其专题学术展览并多次获奖;潘天寿纪念馆近几年着眼"中国画笔墨"展开持续的学术研究和

2022年6月到10月，"古物影——黄宾虹古玺印收藏展"在浙江省博物馆武林馆区三楼书画厅展出。该展览一共展出黄宾虹生前所藏古玺印129钮，与其手书释文印谱——对照陈列，并辅以其印学、古文字学手稿及书画作品四十余件，以期于一字一钮间，体现其蓄物求知之精神，令观者感受其匠心独运、博雅风流。

赖少其艺术馆策划的"木石精神——党的文艺战士赖少其革命文化事业文献作品展"配套画册《木石精神——赖少其革命文化事业文献作品集》

2021年11月到2022年2月，由中国美术学院潘天寿纪念馆主办的"映道——童中焘中国画笔墨传习展"在潘天寿纪念馆开展。此次展览展出潘天寿等老先生作品30件，童中焘先生历年精品70余件。

此次展览是潘天寿纪念馆"记得先生"笔墨研究系列的第三回展览。此系列展是通过画家个案思考中国画笔墨的特质及其如何在当代传承创新的系列性展览。

林散之纪念馆"散之风神""雨山问道"系列书法专题展

策展。体系化的展览有利于促进研究的持续性和深入性。

很多名家馆同时承担着当地综合性美术馆的角色，因此它们的临时展览也丰富多彩，但是打造临展的品牌和特色仍然是首要任务。陆维钊书画院已在高等书法教育研究和展览上树立了品牌，林散之纪念馆的"雨山问道""散之风神"系列书法专题展也志在打造书法特色展览品牌，郭味蕖纪念馆立足潍坊文化进行展览策划，都意在凸显名家艺术馆各自的独特定位。

从"物"到"人"，创新阐释和传播方式

作为传承、保护、展示中华艺术优秀创造成果的场所，名家馆对自身文化责任的认识也在不断深化。比如傅抱石纪念馆将名家的精神遗产、作品遗存以及名家馆的历史遗迹进行综合保护和开发利用，从文化资源和品牌的角度理解、开发名家大师的成就和价值，启发名家馆从地域资源保护和利用的角度，思考自身在当地文化建设上的作用。

当今美术馆已逐渐向功能复合的社交平台转化，名家馆也要向观众让渡美术馆权力，提供观众主动探索的空间，充分调动观众的五感，使他们通过观展体验，增加知识储备，激发审美想象。沈耀初美术馆就提出名家馆要从展示到叙事，从"以物为中心"转变到"以观众为中心"，从而把握功能转化的契机。

如何让文物、作品"活"起来？名家馆也各展身手。公教方面结合乡村振兴、中小学教育、美术馆的社区延伸，让艺术向更多公众辐射。吴昌硕纪念馆、徐悲鸿纪念馆分别开展"人人都是讲解员""如何讲活一幅画"的讲解培训。"活"起来的核心其实是与时俱进地创新作品阐释和传播的方式。个簃艺

术馆提出让库房"活起来",展厅"动起来",馆舍"走起来"。陆俨少、周昌谷和宋文治三家名家馆联合策划"时代经典——陆俨少、宋文治、周昌谷艺术作品展",开展馆际交流,体现了"走起来""动起来"的宗旨,也推动了作品研究的活化。

数字建设还需进一步思考和评估

在疫情催化和智慧博物馆建设的潮流中,名家馆的数字化建设取得了长足进展。名家馆将数字化与游客服务、陈列展示、传播教育进行深度融合,为公众提供高质量的公共文化产品。如机器人讲解员、文物藏品 AR 还原以及全息影像,多点触屏洛神系统,还有展览的沉浸式体验、虚拟触摸,利用线上展厅、抖音、小红书等短视频进行传播,加强了与公众的多维互动。

当然,我们应该意识到,数字化只是手段,不能为数字化而数字化。目前的线上展览普遍存在趣味性互动性不足、形式单一的问题,需要进一步思考和评估数字化潮流下美术馆的传播方式和接受效果。

世界时刻在变,人民群众对公共文化的需求也在不停地发生变化,这也对作为公共文化服务机构的名家馆提出了新的挑战。各名家馆都想方设法适应高速变化的社会节奏,勤练内功,取得了丰硕的成果。从本次名家馆年会论坛发言可以看到,从"点"上来说,名家馆更懂得紧紧围绕名家个案进行深挖细掘,在专业性和专题性等方面下功夫;从"线"上来说,名家馆有意识加强与高校、社会团体和专业机构的协作,聚才借力,提升研究水平;从"面"上说,名家馆的视野更为宏大,在工作理念、策略和方法上紧跟潮流,时有创新。名家艺术馆是一个特殊的文化空间,

傅抱石纪念馆景观改造方案效果图

吴昌硕纪念馆的洛神系统:一台长约 5 米、高约 2 米的多点触碰的大屏硬件,文物会以花瓣或者泉水的形式从屏幕上方缓缓飘落下来,能支持多人同时使用。

它展示的是中华文化创造的精神,标示的是民族艺术创造的高峰,它的拓新之路,将为全国美术馆发展、为文化强国建设贡献特殊的作用和价值。

展览简讯

齐白石纪念馆

2022 年 4 月到 5 月，"丹青育德·惠乐天下——浙江省女花鸟画家艺术交流作品展"在湘潭齐白石纪念馆/美术馆展出，促进了两地与湖南湘潭人民一起歌颂伟大的中国共产党千秋伟业，见证女画家们爱党爱国的拳拳丹心。同时，向一代艺术巨匠齐白石深致敬意。

7 月到 8 月，齐白石纪念馆/美术馆艺委会成员作品展在湘潭市齐白石纪念馆隆重展出。展览汇集齐白石纪念馆/美术馆艺委会 12 位成员创作的 72 幅精品力作，其中书法 18 件，国画 30 件、油画 18 件、版画 6 件。

9 月，由湘潭齐白石纪念馆/美术馆书画艺术家策划、主办的首个联展"心香一瓣"书画展在衡阳市美术馆（书画院）展出。这次齐白石纪念馆/美术馆书画艺术家在衡阳办展，既是为了进一步加强湘潭、衡阳两地文化艺术交流，更是弘扬民族文化、高扬白石艺术精神之举。

张大千纪念馆

张大千先生是内江的一张艺术名片，其艺术成就享誉海内外，在推动中华文化"走出去"的历史实践中作出了卓越贡献。2022 年 4 月，内江市委市政府下发了《内江市打响"大千艺术品牌"实施方案》，明确要求培育创立"大千画派"。

5 月 19 日，大千画派创研基地正式挂牌。时隔不到一月，首批入驻书画名家和艺术顾问就达 32 人，充分反映了内江文化事业的吸引力和号召力。

6 月 17 日，内江大千画派创研基地首批入驻书画名家作品展开幕式在内江张大千美术馆举行。此次展出各类书画作品 116 件，书画爱好者不仅可以现场观摩，还可通过关注"张大千美术馆"微信公众号，在线观看"内江大千画派作品展 |VR 展厅"。

7 月 1 日，"喜迎二十大·丹青巴蜀韵"内江、荣昌、乐山、眉山川渝四地美术馆馆际书画联展在内江张大千美术馆正式开幕。

傅抱石纪念馆

2021 年 4 月 11 日，"往事如昨——傅抱石先生故居史料展·青年学者论坛"在傅抱石纪念馆会议室举办，本次展览及相关活动系文化和旅游部 2020 年全国美术馆青年策展人扶持计划入选项目，由江苏省国画院主办，傅抱石纪念馆承办。

今年正值中国共产党建党 100 周年，为传承和发扬傅抱石先生的家国情怀与艺术精神，探讨文化传播视野下如何构建有时代风尚与社会价值的新的傅抱石研究方向与内容，江苏省国画院和傅抱石纪念馆以"往事如昨——傅抱石先生故居史料展"系列活动为契机，围绕傅抱石研究的最近动态与研究成果，邀请了国内新一代中青年美术史论研究学者展开学术研讨与业务交流，希望能够拓展具有地域文化特征与品牌形象的傅抱石研究的传播与影响。

李可染纪念馆

由徐州市文学艺术发展中心（李可染艺术馆）主办的"第六届书画小品邀请展"于 2022 年 8 月 19 日开展，徐州市文联主席郭开芬，徐州市文联党组成员、副主席王鹏出席，并举办了作者见面会。此次展览汇集徐州本土 13 名书画家，共展出近百幅精品佳作，其中有斗方、扇面、小横幅、小条屏等。"小品"而"宏观"，尺幅以千里，这些小品精致入微，大至高山大河，小至幽竹闲草，都可以心见性，妙笔生花，既展现了徐州书画家奇异的灵思和不羁的才情，又显示了"书画徐州"艺术家的时代风采和创作成果。

王个簃艺术馆

2022 年 1 月，由南通市个簃艺术馆承办的"个簃杯——南通市首届大、中、小学生春联书法大赛作品展"暨颁奖仪式在个簃艺术馆举行。此展，冠名"个簃杯"，是为了弘扬中华民族优秀文化，进一步增强"中国美术南通现象"的影响力，更好地展示我市大、中、小学生的艺术风采。

7 月，"强国复兴有我——庆'七一'南通市个簃艺术馆专业人员主题书画作品展"在南通市个簃艺术馆展出，共展出 8 位艺术家的书画作品。一幅幅绚丽的画图，一件件精美的书法，表达对美好未来的向往，抒写对诗画梦想的追求，对幸福生活的热爱。

王雪涛纪念馆

2022 年 1 月到 3 月,由北京画院与苏州博物馆合作,王雪涛纪念馆协作推出"灵羽衔春——北京画院藏王雪涛作品展",在苏州博物馆与广大公众见面。展览通过"转益多师 悟本溯源""色墨辉映 生趣盎然""百花齐放 意趣真情"三个篇章系统地呈现王雪涛花鸟画艺术的发展脉络与风格特色。

郭味蕖美术馆

2022 年 4 月到 5 月,"东风朱霞——郭味蕖、郭怡孮、郭玫孮父子三人花鸟画展"在北海公园阐福寺展出。展览共展出郭味蕖、郭怡孮、郭玫孮三位艺术家不同时期创作的代表作品 70 件,创作时间横跨 80 年,这是父子三人首次大型联展,借此可以一览现代中国花鸟画发展进程中的"郭家样"。

吴茀之纪念馆

2022 年 2 到 3 月,由浦江县文化和广电旅游体育局、吴茀之纪念馆主办的"仙华清韵——壬寅雅集"在浙江省浦江县吴茀之纪念馆举办,一共展出浦江籍画家与浦江有交集的 19 位书画家的书画作品。

9 月,在中国共产党第二十次全国代表大会即将召开之际,由民盟金华市委会主办的"喜迎二十大·永远跟党走"书画作品展在浦江县吴茀之纪念馆举行。副省长成岳冲、浦江县县委书记、县长等领导出席开幕式。此次展出,参展作者以民盟浙江华夏书画学会金华会员为主体,同时邀请了各地市民盟组织的书画家。

赖少其纪念馆

2022 年,合肥市赖少其艺术馆策划的"艺术交流——赖少其十二次境外文化活动作品文献展",入选"文化和旅游部 2022 年全国美术馆馆藏精品展出季"项目,其中"情之所至——赖少其对外文化活动的安徽情怀"入选"2022 年度合肥市文化事业发展专项资金预算项目",举办活动同时出版此学术资料性画册。

此精品展挖掘和梳理文献、史料、作品和图片等丰富的资料资源,着重展现赖少其各次出访性质、活动范围、对外宣传、涉及人员、交流内容、成果概况和他境外作品的创作及特色,他的各类出访、文化交流或书画展览具有各自特殊的历史意义、社会影响及学术内涵。

——宋文治艺术馆——

2022年9月到11月，"艺缘——食砚斋主人珍藏近现代、当代名家书法展"在宋文治艺术馆（人仓名人馆）开幕。本次展览共展出宋玉麟先生珍藏近现代、当代50位名家的书法作品50件，作品跨越了晚清、民国及现当代，观者可以一窥百余年来中国书法发展的大致面貌。

2022年10月到12月，"追忆'二万三千里'写生——宋文治中国画作品展"在宋文治艺术馆（太仓名人馆）开幕。展览以江苏省国画院"二万三千里旅行写生"为线索，历史性地呈现此次历程对宋文治绘画创作的影响，瞻望江苏画坛发展繁荣的光明前景。

——周昌谷纪念馆——

2022年5月到6月，"画风画峰——浙江花鸟画名家作品展（乐清站）"在周昌谷艺术馆启幕。本次展览由浙江美术馆、乐清市文化和广电旅游体育局共同主办，乐清市文化遗产保护中心、周昌谷艺术馆承办。

此次展览，展出朱颖人、叶尚青、卢坤峰、杜曼华、马其宽、徐家昌、张浩、张华胜、闵学林、何水法、吴静初等11位有代表性的花鸟书画艺术家的70幅作品。这些作品意趣灵动，开草木丹青新篇，展花鸟写意雅韵。除了我们平时能看到的花、鸟、石的内容之外，还有画猫、画鱼、画松鼠的中国画作品，丰富了市民对花鸟画的种类认知。

——程十发纪念馆——

2022年，我馆策划了"香远益清——李光安水彩画作品展"及"丹青引——程十发艺术馆艺委会戏曲人物画展"。

水彩画展为我馆展陈的一项新尝试，又因松江为江南水乡之地，自古以来既有丰富的荷文化，每年于乡村藕荡间举办的"荷花节"，更是成为展示荷文化的重要平台。本次"香远益清——李光安水彩画作品展"选取荷花、荷塘、莲叶主题，主要的考量有二：一是向公众呈现水彩画在处理水与荷的关系中的新可能；一是以"荷花展"因应今年的"荷花节"，加强艺术与文化旅游的互动，以进一步推广人文松江文化旅游的地域名片。

——君匋艺术院——

2022年6月3日至9月3日，君匋艺术院从历年征集的书画中精选了近40件作品，举办"大匠运斤——君匋艺术院征集名家作品展"，以飨观众。本次展品均为国内外学者、书画家亲临艺术院留下的墨宝，其中包括李一氓、刘海粟为君匋艺术院所题院名原件，汪道涵、铁瑛、薛驹等老领导的题词，谭建丞、吴青霞、郭仲选、金庸、王伯敏、杨鲁安、吴山明等名人名家的大作，还有韩国书界名流金膺显、权昌伦的作品。一件件笔酣墨畅的作品，饱含了每一位作者的深情，这既是对钱君匋先生无私奉献精神的深深敬仰，也是对桐乡一直以来重视文化建设的充分肯定。

图书在版编目（CIP）数据

名家.潘天寿、诸乐三、钱君匋 / 卢炘,杨振宇主编.— 上海：上海书画出版社,2022.10
ISBN 978-7-5479-2932-2

Ⅰ.①名⋯ Ⅱ.①卢⋯②杨⋯ Ⅲ.①潘天寿（1897-1971）－人物研究②诸乐三（1902-1984）－人物研究③钱君匋（1907-1998）－人物研究 Ⅳ.①K825.72

中国版本图书馆CIP数据核字（2022）第192494号

名家：潘天寿·诸乐三·钱君匋

卢　炘　杨振宇　主编

责任编辑　黄坤峰
编　　辑　吴蛰来
审　　读　雍　琦
整体设计　瀚青文化
封面设计　刘　蕾
技术编辑　包赛明

出版发行　上海世纪出版集团
　　　　　上海书画出版社
地　　址　上海市闵行区号景路159弄A座4楼
邮政编码　201101
网　　址　www.shshuhua.com
E-mail　　shcpph@163.com
制　　版　杭州立飞图文制作有限公司
印　　刷　浙江海虹彩色印务有限公司
经　　销　各地新华书店
开　　本　889×1194　1/16
印　　张　12.5
版　　次　2022年11月第1版　2022年11月第1次印刷

书　　号　ISBN 978-7-5479-2932-2
定　　价　158.00元
若有印刷、装订质量问题，请与承印厂联系